Richard Hofstadter

리처드 호프스태터 / 박진빈

<컴북스이론총서>는
현대를 호흡하는 사상가들을 소개합니다.
단순한 사상의 축약, 해제가 아닙니다.
해당 사상가를 연구해 온 전문가가 직접
사상가의 핵심 키워드 10개를 뽑아 해설하고 비평합니다.
인간과 비인간, 현실과 가상, 문화와 야만의
경계를 넘나드는 모든 사상을 싣겠습니다.
오늘을 살아가는 모든 이의 나침반이 되겠습니다.

컴북스이론총서

리처드 호프스태터

박진빈

대한민국, 서울, 커뮤니케이션북스, 2024

리처드 호프스태터

지은이 박진빈
펴낸이 박영률

초판 1쇄 펴낸날 2024년 8월 21일

커뮤니케이션북스(주)
출판 등록 제313-2007-000166호(2007년 8월 17일)
02880 서울시 성북구 성북로 5-11
전화 (02) 7474 001, 팩스 (02) 736 5047
commbooks@commbooks.com
www.commbooks.com

ISBN 979-11-288-2792-1 04940

책값은 뒤표지에 표시되어 있습니다.

미국사의 모순과 신화를 넘어서

리처드 호프스태터(Richard Hofstadter, 1916~1970)는 20세기 미국사 연구자들 가운데 가장 중요한 인물 중 하나로 꼽힌다. 컬럼비아대학교 사학과 교수를 지냈고 퓰리처상을 두 차례 수상했다. 호프스태터가 남긴 저서들은 미국 정치사와 지성사의 핵심 고전으로 간주되며, 미국뿐 아니라 전 세계에서 여전히 널리 읽히고 있다.

호프스태터에게 종종 '합의(consensus) 사학자'라는 꼬리표가 붙는 이유는 그가 현대 미국이 자본주의 문화와 보수적 정치의 합의에 의해 만들어져 왔다고 봤기 때문이다. 그러나 호프스태터가 주목한 것은 그 합의가 초래한 미국 사회의 문제점들이었다. 호프스태터는 바로 그 합의가 미국 역사의 신화와 모순을 만들었다고 신랄하게 비판했다.

최근 유럽과 미국에서 우파 정치 세력이 약진하고 이민·난민·빈민에 대한 불관용과 혐오 정치가 공공연하게 자행되면서 호프스태터의 저서 ≪미국의 반지성주의(Anti-intellectualism in American Life)≫가 큰 관심을 받았다. 1963년에 출판되어 이듬해 호프스태터에게 생애 두 번째 퓰리처상을 안겨 준 이 책은 새삼 2017년 한국에 번역 소개되었다. 1950년대 매카시즘(McCarthyism)과 반공 이데올로기의 기원을 추적하는 과정에서 쓰인 저서가 21세기 상황에 대한 비판서로도 손색없다는 점은 호프스태터의 연구가 시대를 뛰어넘어 지닌 힘을 증명한다.

호프스태터에게 첫 번째 퓰리처상을 가져다준 책은 1955년 출판된 ≪개혁의 시대(The Age of Reform)≫다. 인민주의(populism)와 혁신주의(progressivism)라는 미국 리버럴 개혁의 복고적 보수성을 비판한 이 책은 오늘날까지 논쟁을 일으키고 있다. 이와 더불어 미국사 연구자들이 빈번하게 인용하는 호프스태터의 저서로는 ≪미국 사상에서 사회진화론(Social Darwinism in American Thought)≫(1944), ≪미국의 정치적 전통과 그것을 만든 사람들(The American Political Tradition and the Men Who Made It)≫(1948), ≪미국 정치의 편집증적 스타일(The Paranoid Style in American Politics)≫(1965), ≪정당 체제의 사상(The Idea of a Party System: The Rise of Legitimate Opposition in the United States)≫(1969) 등이 있다.

이 저서들 외에도 호프스태터는 다양한 저널에 기고하면서 미국 역사의 전 과정에 걸쳐 사회 발전의 중심 역할을 한 사상과 정치 제도를 분석하고, 미국 사회의 여러 문제가 어떠한 역사적 기원을 지니는지 밝혔다. 호프스태터가 남긴 다양한 텍스트들을 분석해 그가 극복하려 한 미국 역사의 신화와 모순이란 무엇인지 살펴보자.

지성과 반지성

호프스태터 하면 떠오르는 첫 번째 주제는 반지성주의(anti-intellectualism)일 것이다. 민주주의 체제를 작동시키는 것은 투표권을 가진 개개 시민들이다. 그러나 다수결에 의한 국민의 합리적 선택이 국가를 운영해 나간다는 가정이 흔들리고 있다. 국내외를 막론하고 정책적으로 사회적 약자를 배제하고 차별하거나, 세계 시민에게 요구되는 협력을 공공연히 거부하는 일들이 벌어지고 있기 때문이다. 이러한 현실에서 민주주의의 이름으로 자행되는 반민주적 정치의 원인을 규명할 필요가 대두하자 호프스태터의 고전, ≪미국의 반지성주의≫가 새삼 관심을 끌었다. 이미 호프스태터는 이 책에서 비합리적이고 반민주적인 정치의 원인이 반지성주의에 있다고 지적했다.

호프스태터가 ≪미국의 반지성주의≫를 기획했을 때 미국은 매카시즘의 광풍에 놀아나고 있었다. 반공주의는 소련이라는 적의 힘을 과대 포장해 미국인의 공포심을 극대화했고, 소련과의 싸움을 절대적인 것으로 여기도록 강요했다. 국가에 대한 비판은 이적 행위로 치부되었고, 개혁은 반미국적인 것으로 낙인찍혔다.

호프스태터의 연구는 반지성주의가 미국 역사 초기부터 지속적으로 발전해 왔음을 밝혔다는 점에서 더욱 가치가 있다. 호프스태터는 미국이 독립혁명기를 지나 서부로 팽창하고 영토를 넓혀 간 기간부터 반지성적 태도가 성장했다고 분석했다. 새로운 영토를 개발하고 운영해 나간 것은 경험과 성과를 중시하는 실리적 태도였는데, 이러한 태도가 학구적이고 전통적인 철학과 방법을 경시하게 했다는 것이다.

호프스태터에 따르면 반지성주의는 미국의 역사적 특수성을 반영한다. 먼저 서부라는 영토의 특성이 반지성주의의 발전에 영향을 미쳤다. 신생 국가 미국의 경제적 발전에 동력을 제공한 서부는 보수주의 정치의 온상이기도 했다. 아울러 미국 반지성주의는 복음주의 종교와 결합해 신앙의 면모를 띠었다. 이 특성은 오늘날까지 미국에서 선동적 보수주의 정치의 핵심 요소로 작용하고 있다.

호프스태터의 반지성주의 비판은 지성과 지성인에 대한 관심도 환기한다. 미국에는 정의나 공공선과 같은 공화국의 기본 이념을 지키려 했던 정치인들, 학자풍 실무자들의 역할이 두각을 나타낸 시기가 있었다. 그들의 활약과 좌절, 성과와 한계에 대한 논의는 반지성주의에 대응하는 오늘날의 지식인들에게 매우 구체적인 전략을 제공한다. 이처럼 호프스태터의 연구는 미국의 역사를 지성과 반지성 사이 대립과 투쟁으로 분석한다는 점에서 현대 정치에 시사하는 바가 크다.

개혁의 보수성

19세기 말부터 20세기 초반 미국에서는 국가 주도의 사회 개혁 운동이 크게 부흥했다. 자유방임주의에 충실했던 이전과 달리 산업화에 따른 사회 문제들을 해결하기 위해 정부가 주도적 역할을 자임했고, 개혁적 법안들이 마련되었다. 이러한 정부 주도의 개혁은 농민의 입장에 서서 국가 정책을 요구한 인민주의 운동에서 시작해 산업화 이후 도시의 제반 문제들을 해결하려 한 혁신주의 운동으로 이어졌고, 대공황의 위기 속에서 뉴딜(New Deal) 정책으로 완성되었다.

그런데 호프스태터는 미국 개혁의 전통이 띠는 보수적

이고 반동적인 특성들을 지적했다. 예를 들어 진보적 농민 운동으로 여겨진 인민주의 운동이 일각에서는 KKK(Ku Klux Klan)로 대표되는 배외주의(nativism) 사상을 드러내기도 했다는 호프스태터의 지적은 충격적이다. 혁신주의 운동 역시 반이민법이나 제국주의와 결합했다는 점에서 호프스태터의 비판을 피해 가지 못했다. 호프스태터가 미국 개혁 운동의 모든 요소가 보수적이었다고 주장한 것은 아니다. 그럼에도 미국 좌파가 자랑스러워하는 개혁의 계보가 지닌 한계를 뼈아프게 꼬집었기 때문에 불편한 심기를 드러내는 반응이 오늘날까지도 이어지고 있다.

그러나 호프스태터는 개혁 자체를 폄하하기 위해서가 아니라 개혁의 이름으로 타협되어 온 것들을 지적하기 위해 비판을 수행한다. 인민주의나 혁신주의의 의제들이 여러 부문에서 사회 개혁을 실현한 것은 사실이지만 그것들이 무엇을 지향했는지 밝히는 일은 별도의 과제다. 진보적인 요구 사항을 내세우는 농민들이 지향한 것이 과거였다면? 사회적 약자를 위해 마련한 제도더라도 그 목적이 특권을 확보하기 위한 것이었다면? 호프스태터는 이러한 질문들을 던졌다. 미국인들에게 존경받는 정치인들과 개혁가들도 호프스태터의 펜 아래 모순성을 발각당하고 말았다. 인민주의 정치인의 근본주의적 신앙, 혁신주의 개혁가 출신 대통령의 인종차별주의, 사회 개혁 사상과 제국주의를 동시에 추구했던 대통령의 사례 등이 바로 그것이다.

미국사의 신화 깨기

호프스태터는 '신화', '민속 문화', '음모론' 같은 용어로 미국 역사의 특징들을 분석했다. 호프스태터에 따르면 미국인들은 동시대 사회를 비판하기 위해 과거를 완벽하고 이상적인 것으로 그리며 미국 역사에 대한 신화를 만들어 왔다. 그 과정에 작용한 것이 미국 농촌 사회의 문화적 코드들과 이질적 외부 세력에 대한 음모론적 반감이었다.

호프스태터는 이러한 분석에 인류학과 문화 이론 그리고 심리학에서 사용하는 개념을 도입했다. 예컨대 역사적 인물과 사건을 분석할 때 종종 심리와 정신 상태를 논했다. 사회경제적 요소뿐 아니라 집단의 정서, 개인의 심리적 상태 그리고 사회문화적 작용이 정치적 결정들을 낳았다고 본 것이다.

특히 호프스태터는 경제적 합리성으로 설명이 불가능한 사건들을 사회심리학에 기대어 설명한다. 정파 선택이나 정책적 편향, 전쟁 요구가 때로 현실적이지 않고 합리적이지 못했던 이유는 바로 지역 정체성이나 사회적 지위불안 등이 정치적 결정에 영향을 미쳤기 때문이라고 본다.

매카시즘이라는 정치적 현상은 일종의 사회적 히스테리이자 극우파의 피해망상이 낳은 소산으로 이해되었다. 이는 반지성주의에 대한 호프스태터의 분석과 맞닿아 있다. 막연한 공포와 혐오를 부추겨 사회 전체를 비합리적이고 반지성적인 정치로 몰아붙였던 매카시즘은 반지성주의의 극치이자 편집증적 피해망상의 발로였다. 이 같은 극단적 우파 정치는 호프스태터의 표현을 빌리자면 "가짜 보수주의 혁명"이었다.

문제는 미국 역사에서 가짜 보수주의의 피해망상적 정치가 여러 차례 출몰했다는 사실이다. 호프스태터는 시대를 거슬러 올라가 잘못된 사실과 억측에 근거를 둔 음모론과 그로 인한 피해망상으로 정치 세력을 집결한 사례들을 분석했다. 또한 매카시즘 이후 1960년대 보수주의의 성장과 이를 대표하는 정치인들의 행보에 대해서도 비판적 시각을 유지했다.

호프스태터의 관찰을 좇으면 반복지·반이민 정책을 미국적 가치로 둔갑시키고 혐오와 음모론에 입각한 선동 정치를 획책하는 오늘날의 극우파 정치 세력이 어떤 역사적 배경에서 성장할 수 있었는지 파악할 수 있다.

이 책의 구성

이 책은 호프스태터 저작의 중심 주제들과 주요 개념어들로 구성되었다. 1장에서 3장까지는 각각 반지성주의, 사회 진화론, 정당 정치의 유래를 다룬다. 호프스태터는 미국 정치의 근간을 이뤄 온 사상의 성장과 정당 체제의 발전을 추적해 현대 미국을 이해하기 위한 밑거름으로 삼았다.

4장에서 6장 그리고 8장은 인류학, 사회심리학, 문화 이론 등에서 차용한 개념 틀들을 핵심어로 삼는다. 호프스태터는 이 용어들로 미국 사회에 존재해 온 그릇된 역사 인식과 사회 인식을 비판적으로 분석했다.

7장과 9장에서는 사회 개혁의 유산과 그 역사적 의의를 호프스태터가 어떻게 평가했는지 살펴본다. 호프스태터는 대체로 반지성주의가 승리를 거둔 미국사에서 지식인 개혁가들이 활약한 시기들을 재조명해 일말의 희망을 이야기했다.

10장은 때 이른 나이에 세상을 떠난 호프스태터가 말년에 천착한 활동을 소개한다. 호프스태터는 미국 역사상 가장 격동적이었던 1960년대 민권 운동과 반전 운동의 의미 그리고 총기 문화의 해악 등에 대해 열정적으로 논평을 이어 나갔다. 호프스태터는 생애 끝까지 미국 사회의 부정의와 반민주적 행태에 비판의 칼날을 거두지 않았던, 미국사의 신화에 합의하지 않은 역사가였다.

차례

일러두기

- 인명, 작품명, 저서명, 개념어 등은 한글과 함께 괄호 안에 해당 국가의 원어를 병기했습니다.
- 외래어 표기는 현행 어문규정의 외래어표기법을 따랐습니다.

01
반지성주의의 토대

우리나라에서 리처드 호프스태터에 대한 관심은 2017년 ≪미국의 반지성주의≫가 번역 출판되면서 두드러졌다. 1963년 출판된 책이 54년이나 지나 지구 반대편에서 번역되었다는 것은 반지성주의라는 주제에 대한 호프스태터의 연구가 여전히 중요함을 방증한다. 최근 세계 각지에서 대의 민주제의 외피를 쓴 반지성적 선동주의 정치가 난무하고, 사회적 소수 집단에 대한 혐오와 불관용 정책이 합리화되고 있다. 이러한 반지성주의의 역사적 기원을 알고 싶은 독자들이 호프스태터를 찾고 있다. 호프스태터는 미국의 발전 과정에서, 특히 서부 정복 기간의 역사에서 그 기원을 찾으려 했다.

서부

미국사에서 서부는 특별한 위치를 차지한다. 영국으로부터 독립해 건국에 성공한 당시 미국은 북아메리카 대륙 동부 해안가에 국한된 작은 영토의 나라였다. 그렇게 출발한 미국은 서쪽 영토를 계속 점령·복속해 나갔고, 그 팽창은 태평양에 다다를 때까지 계속되었다. 따라서 서부는 미국 역사 초기부터 계속 넓어지는 영토 혹은 새로운 영토를 의미했으며, 서부로의 진출은 미국의 발전과 궤적을 함께했다. 서부는 신생 국가에 새로운 영토를 공급해 인구 유입을 가능케 했고, 그곳에서 발견된 수많은 자원이 산업화의 밑거름이 되었다는 점에서 미국 발전의 원동력으로 여겨졌다.

유명한 프랑스 정치인 알렉시 드 토크빌(Alexis de Tocqueville)에 따르면 서부는 유럽에서 온 사람들로 하여금 유럽과 다른 미국적 특성을 갖게 한 장소였다. 서부는 자영농에게 꿈을 실현할 땅을 제공했으며, 스스로 성공을 일굴 개척의 기회를 선사했다. 이에 힘입어 미국인들은 자율적이고 진취적이며 성공에 강한 의지를 보이는 특성을 띠게 되었다. 전근대적 사회관계에 구속될 필요가 없었던 미국인들은 자유와 평등의 신념을 매우 강하게 표출했다.

호프스태터에게도 서부는 중요한 의미를 띠었다. 호프

스태터에 따르면 서부는 미국 민주주의의 민중주의적 특성을 성장케 한 곳이었다. 정치적·종교적 지도자들의 통치는 동부에 머물 뿐 드넓은 서부까지 미치지 못했다. 따라서 서부의 미국인들은 교본에 충실한 학구적 지침보다는 현장의 목소리에 따른 결정을 중시하게 되었고, 침착한 논리보다는 즉각적 추진력에 큰 가치를 두게 되었다. 이 같은 서부의 특성은 앤드루 잭슨(Andrew Jackson, 재임 1829~1837)이 7대 대통령으로 당선된 후 미국 전체로 확산했다. 건국의 주역이자 명문 가문 출신인 전임 대통령들과 달리 잭슨은 변방의 가난한 집에서 태어나 기득권층과는 거리가 멀었다. 잭슨은 교육 수준이 높지 않았으며 군인으로 출세한 사람이었다. 잭슨의 당선은 평등주의에 대한 열망과 선동적 정치의 유행이 낳은 결과였다.

호프스태터에 따르면 잭슨 시대는 미국에서 반지성주의가 확고하고 강력한 사회적 경향으로 자리매김한 전환점이었다. 특히 이 시기 평등주의의 성장이 반지성적 성격을 띠었다는 점을 이해할 필요가 있다. 미국의 서부 개척은 개개인의 역량으로 이루어졌기 때문에 그들의 선택과 활동이 가장 중요해졌다. 모든 가치에 우선하는 개인의 권리와 평등에 대한 신념은 민중주의적 민주주의를 성장시켰다. 이는 자유와 평등이라는 가치가 너무 중요해진 나머지

옳고 그름의 판단마저 거부할 정당한 이유가 되었다는 뜻이다. 이러한 상황에서는 한 개인이 부당하다고 생각하면 아무리 논리적으로 옳은 것이라 해도 그에게 강요할 수 없다. 개인의 선호나 뜻을 어기고 옳음을 강요하는 것은 민주적이지 않기 때문이다.

이처럼 비합리적인 주장까지 민주주의라는 명분 아래 판치는 곳이 바로 반지성주의적 미국 사회다. 토크빌 역시 과도한 민주주의는 선동주의 정치를 낳을 수 있다고 경고한 바 있다. 토크빌은 미국인이 유럽인보다 훨씬 큰 평등과 자유를 누리고 있다는 점을 높이 평가하면서도, 민중주의가 너무 지나치면 우민주의가 되어 버린다고 지적하며 미국 서부식 민주주의의 잠재적 위험을 우려했다.

실용주의

국토가 넓어지는 과정에서 국가 체계의 영향력이 미처 닿지 못한 서부에서는 여러 영역이 사적으로, 즉 개인이나 기업에 의해 발전했다. 공권력에 기댈 수 없었던 미국인들은 경제적 성공이 무엇보다 중요하다고 생각하게 되었고, 학교나 책의 가르침보다 현장 경험을 통한 체득이 더 중요하다고 믿게 되었다. 이것이 고등 교양 교육보다 실용적 직업 교육을 중시하는 풍토를 조성했다. 아울러 부의 축적과 개인의 성공 신화는 서부를 아메리칸 드림(American Dream)의 본향으로 만들었다. 토크빌과 호프스태터는 서부인들이 성공에 거의 광적인 집착을 보인다고 공통으로 지적했다. 돈을 추구하는 일을 부끄러워하지 않고 부를 축적하기 위해 수단과 방법을 가리지 않는 것이 미국인의 특징이라고 묘사할 정도였다.

호프스태터에 따르면 이러한 분위기가 지배적인 사회에서 사람들은 "늘 비판적이고 만족하지 않으며 절차에 따라 문제를 제기하려는 태도"를 거추장스러워한다. 다시 말해 학구적이고 비판적인 정신이 신속하게 일을 진행하는 데 부담스러운 것으로 전락한다. 그 일이 얼마나 도덕적이고 원칙적인지가 아니라 결과적으로 얼마나 성공을 거두는지가 중요하게 여겨지기 때문이다. 이것이 바로 미국적 실용주의의 본질이다.

미국 사회에서 실용주의적 태도가 압도적으로 중시되어 온 것은 미국에서 기업계가 차지하는 비중과 관련된다. 호프스태터가 예시하듯 29대 대통령 워런 하딩(Warren Harding, 재임 1921~1923)은 미국이 "본질적으로 기업의 나라"라고 선언했고, 30대 대통령 캘빈 쿨리지(Calvin

Coolidge, 재임 1923~1929)는 "미국의 사업은 기업(the business of America is business)"이라고 정의 내린 바 있다. 전근대 과정을 거치지 않고 건국된 미국에서는 전통적 방식의 학습보다 새로운 기술이나 창의적 태도가 중요했고, 어느 국가보다 개량과 발명 그리고 그것들이 만들어 내는 돈과 편리한 삶에 열광했다. 국가 발전을 선도하는 기업들과 자본가들의 방식이 국가 전체를 이끄는 중추 역할을 했다.

실용적 태도는 과정의 정당성보다 성공 여부를 중시하는 성향으로 이해할 수 있다. 호프스태터에 따르면 미국에서 사업 이외의 가치는 별로 중요하지 않게 되었고, 사업은 그 성공 규모에서 정당성을 찾게 되었다. 높은 생활수준을 가져오는 번영은 도덕성을 따질 필요가 없었다. 실용성에 대한 절대적 믿음은 미국인들로 하여금 고등 교육, 특히 대학 교육의 쓸모를 회의하게 했다. 고등학교를 모두 기술학교로 전환해야 한다는 주장부터 고전 교양 교육의 무용함을 둘러싼 논란까지, 서양 사회에서 오랫동안 중시되었던 인문학적 교육이 뒤로 밀려나는 경향이 나타났다.

호프스태터에 따르면 "직업 교육을 중시하는 경향은 지성보다 인성을 중시하는 경향, 개성이나 재능보다 순응과 부리기 쉬운 태도를 선호하는 경향과 연결된다". 이는 효율적 기업 운영에 적합한 인재, 집단주의에 잘 조화되는 회사원을 양성하려는 의도를 보여 준다.

복음주의

호프스태터는 서부 반지성주의의 중심에 종교가 자리 잡고 있었다고 분석한다. 서부로 팽창해 가던 시대 서부에서는 감리교, 침례교, 장로교와 같은 기독교 종파들이 확산했다. 이 종파들은 뉴잉글랜드 지역의 엄숙한 청교도들과 달리 격앙된 감정을 드러내며 찬송하고 기도하는 부흥회 형태의 예배를 드렸다. 개인적 성공과 부의 축적이 하나님에게 선택받았음을 증명한다고 역설하며 복음주의를 설파했다. 조용히 성경과 고전을 읽으며 엄숙하게 신앙을 키우기보다 대규모 군중이 모인 집회에서 믿음을 부르짖고 큰 소리로 찬양함으로써 신앙을 증명하려 했다. 열정적인 전도사들이 동부 회중주의·율법주의 교단의 세력이 미처 미치지 못한 서부 영토를 순회했고, 인근 지역 주민들은 이들이 개최한 부흥회와 야외 예배에 대규모로 참여했다. 여기서 주민들은 자신의 믿음을 뜨겁게 고백하고 스스로 다시 태어난 교인임을 선언하며 신앙을 확인했다. 이처럼 잭슨 시대는 소위 “제2차 대각성 운동(The Second Great Awakening)”이라 불리는 신앙 부흥 운동의 시대이기도 했다.

미국에서 복음주의는 성경을 문자 그대로 해석해야 한다고 주장하는 근본주의 신앙으로 발전하기도 했다. 이는 근대성에 대한 도전, 과학 지식에 대한 반항을 가장 극적으로 보여 주는 사건과 연결된다. 1925년 열린 ‘스코프스의 원숭이 재판(Scopes Trial)’이 그것으로, 진화론과 창조론이 격돌한 사건이다. 이 법정 공방은 공립학교에서 진화론 교육을 금지하는 법안의 존폐를 둘러싸고 벌어졌다. 창조론의 변호인으로 나선 인물이 민중주의 정치의 화신 윌리엄 제닝스 브라이언(William Jennings Bryan)이었다는 사실은 매우 상징적이다. 브라이언은 변론에서 “종교와 교육 중 어느 한쪽을 포기해야 한다면 교육을 포기해야 한다”고 말할 정도로 근본주의 신앙에 절대적 믿음을 내비쳤다.

선동적 복음주의 신앙은 서부를 넘어 미국 전체에 영향을 미쳤다. 미국 역사학자 케빈 크루스(Kevin Kruse)의 저서는 미국사에서 반지성적 종교가 보수적 정치 성향과 어떻게 결합했는지 보여 준다. 크루스에 따르면 대통령이 성경에 손을 얹은 채 취임 선서를 하고, 각료 회의를 기도로 시작하고, 국가의 공식 구호나 국기에 대한 맹세에서 하나님을 호명하는 등 현재 미국을 그 어떤 서양 국가보다 독실한 기독교 국가로 보이게 하는 요소들은 보수적 정파의 기획에 의해 20세기 중반에야 '만들어진 전통'이다.

20세기 초중반 보수 세력은 미국 사회가 개혁의 물결로 좌편향되고 있고 공산주의의 위협이 닥쳐오고 있다고 믿으며 이를 저지하기 위해 복음주의 제단으로 모여들었다. 호프스태터에 따르면 이렇게 결집한 보수적 기업인들과 정치인들은 정치적 문제를 종교적 문제로 바꿔 버려 진보 세력의 저항을 막았다. 보수적 선택이 하나님의 뜻이며 그것이 애국의 길이라는 연결 고리가 완성되어 갔다.

호프스태터의 시대에서 현재에 이르기까지 복음주의 신앙과 보수적 정치는 확고한 협조 체제를 이루고 있다. 일방적 외교 정책과 인종·젠더·이민 정책의 보수화 등은 복음주의 신앙과 결합해 있으며, 이 결합이 반동적 보수주의와 반지성주의를 탄탄하게 뒷받침한다.

참고문헌

리처드 호프스태터 지음, 유강은 옮김(2017). ≪미국의 반지성주의≫. 교유서가.

알렉시 드 토크빌 지음, 임효선·박지동 옮김(1997). ≪미국의 민주주의 1·2≫. 한길사.

에밀리 로젠버그 지음, 양홍석 옮김(2003). ≪미국의 팽창: 미국 자유주의 세계정책의 역사적 전개≫. 동과서.

패트리샤 넬슨 리메릭 지음, 김봉중 옮김(1998). ≪정복의 유산: 서부개척으로 본 미국의 역사≫. 전남대학교출판부.

Butler, A.(2021). *White Evangelical Racism: The Politics of Morality in America*. Chapel Hill: University of North Carolina Press.

Gorski, P., Perry, S., & Tisby, J.(2022). *The Flag and the Cross: White Christian Nationalism and the Threat to American Democracy*. New York: Oxford University Press.

Kruse, K.(2016). *One Nation Under God: How Corporate America Invented Christian America*. New York: Basic Books.

Nelson, J. L.(2023). *Religion and the American West: Belief, Violence, and Resilience from 1800 to Today*. Albuquerque: University of New Mexico Press.

02
사회진화론

산업화와 도시화로 급변하던 19세기 미국 사회는 경제 성장과 더불어 빈익빈 부익부의 문제를 겪었다. 이에 자유방임주의를 비판하며 개혁으로 사회·경제적 문제들을 해결하려는 다양한 진보적 운동이 전개되었다. 그러나 개혁 운동은 자본주의 발전의 당위성과 합리성을 옹호하는 의견과 대립했다. 이 시기 미국에 전파된 허버트 스펜서의 사회진화론은 적자생존의 논리를 정당화해 자본주의의 무제한적 발전을 옹호했다. 나아가 사회적 강자의 입장을 대변하는 논리에 힘입어 19세기 말 미국에서 제국주의가 발전하는 데 사상적 토대 역할을 했다. 호프스태터는 사회진화론의 이러한 사상적·정치적 영향을 면밀히 검토했다.

적자생존

찰스 다윈(Charles Darwin)의 진화론과 허버트 스펜서(Herbert Spencer)의 "적자생존" 이론은 미국의 지적 세계에 큰 영향을 미쳤다. 사회사상과 정책 기획에 활용되고 대학과 연구소 그리고 종교계에 전파되어 미국의 사상가들과 조우했다. 호프스태터는 주요 사상가들의 반응을 비롯해 스펜서와 다윈의 사상이 미국에 정착한 과정을 주목했다.

19세기 후반 미국은 산업화와 도시화 과정에서 커다란 사회 변화를 겪었다. 자유방임주의의 비호 아래 대기업과 대자본이 성장했으나 동시에 발전의 부작용에 대한 우려가 커졌다. 빈익빈 부익부, 주기적 경제 불황이 초래한 사회 불안, 도시 환경의 열악함 등을 비판하는 목소리가 크게 일었다. 대안적 사회 이론들이 대두했고, 개혁의 의지도 충만해졌다. 그레인저 운동(Granger movement. 1867년부터 미국 중서부 지역 농민들의 이해와 권익을 추구해 온 운동) 조직이나 그린백당(Greenback Party. 1874년 농산물 가격 폭락에 대한 대응책으로 화폐 증액을 주장하며 창설된 정당) 등 농촌 개혁파, 노동기사단(Knight of Labor) 등 노동 운동가, 단일세제(Single-Tax) 운동가 등은 모두 자유방임주의 경제에 제한을 두어야 하고 국가가 경제에 개입해야 한다고 이야기했다. 이들은 다양한 복지 제도를 도입하는 새로운 국가를 꿈꾸었다.

그러나 바로 이 시기 미국에 전해진 스펜서의 적자생존 법칙은 빈부의 차이가 자연스러운 것이며, 당연하기까지 하다고 이야기했다. 적자생존 법칙은 자본주의 사회에 이미 불평등이 존재한다고 가정하면서 생존에 부적합한 사람들이 도태되는 것을 자연의 법칙으로 간주했다. 스펜서의 논리에 따르면 부자에게는 윤리적으로 잘못이 없으며 오히려 국가가 정치와 제도를 통해 빈부 격차를 인위적으로 조정하는 것은 부당한 처사다. 이렇게 개혁 세력이 주장한 복지 제도에 반대되는 논리가 성립했다. 자연의 법칙에 따라 형성된 빈부 격차를 인위적으로 좁히는 복지 제도는 옳지 않다는 것이었다.

호프스태터는 사회 불평등을 정당화하는 데 적자생존 이론을 이용한 대표적 사상가로 윌리엄 그레이엄 섬너(William Graham Sumner)를 꼽는다. 독실한 기독교인이자 유명 정치학자였던 섬너는 자유, 불평등 그리고 적자생존 법칙이 사회를 진보시킨다고 믿었다. 성공한 사람들은 적자로 판명되었으니 그 능력을 인정하고 더 적극적으로 발휘할 수 있게 해야 한다고 주장했다. 또한 부를 상속할 수 있게 하는 것은 성공한 사람들로 하여금 더욱 성실하게 일하게 하므로 진보로 가는 길이라고 역설했다.

물론 진화론을 수용한 모든 사상가가 섬너처럼 인간 세상에서도 적자생존이 당연하다고 생각했던 것은 아니다. 당대의 저명한 지리학자·사회학자·식물학자이던 레스터 워드(Lester Ward)는 다윈의 진화론을 적극 옹호했다. 그러나 워드는 인간과 자연은 다르다고 생각했다. 인간은 자연과 달리 목적성을 띠고 의지에 따라 행위 할 수 있기 때문이다. 워드는 사회개량주의를 지지했고, 사회 개혁의 편에 섰다. 워드와 같이 진화론을 수용한 여러 지식인은 사회진화론을 비판 없이 받아들이지 않았다. 그동안 생물계가 자연 도태를 통해 진화해 왔다고 해서 사회적 약자들을 저버려도 되는지 반문하는 윤리적 질문 역시 꾸준히 제기되었다.

아무런 조건 없이 힘의 논리만 냉혹하게 실천될 때 생길 수 있는 문제는 계속 경각심을 불러일으켰다. 살아남은 우월한 세력이 덕성도 갖추었으리라는 가정은 항상 의심받았다. 사회진화론은 강자가 약자를 희생양 삼아 권력을 장악하려 할 때 나타나는 폭력성을 정당화할 수 있기 때문이다.

반대자들

호프스태터는 사회진화론을 회의하고 비판한 이들과 더불어 이들 사상가를 지탱한 토대, 즉 무제한적 경쟁과 개인주의에 반대한 사람들에게도 큰 관심을 보였다. 사회진화론이 미국에서 활발하게 수용되던 시기에는 산업화의 부작용에 대한 여러 대안적 사회사상도 전반적으로 성장했다. 호프스태터는 여러 글에서 대안적 사회 개혁 운동을 소개했다.

그 가운데 가장 먼저 언급할 필요가 있는 것은 바로 사회복음주의(social gospel)다. 사회복음주의는 사회 문제에 기독교 교리를 적용해 상황을 개선하려 한 운동으로, 특히 경제적 불평등과 가난, 범죄와 음주, 아동 노동 등의 문제를 기독교인들이 맞서 싸워야 할 사회악으로 간주했다. 노동자 인권 문제와 도시 환경의 악화 역시 이들의 주요 근심거리였다. 사회복음주의 운동은 지역별로 사회적 약자를 돌볼 방법을 고안했으며, 국가 차원에서 사회 문제들을 해결할 수 있게 정책을 제안하고 입법화를 추진했다. 사회복음주의의 대표적 사례는 복지관(settlement house) 운동이다. 가난한 이민자 가정을 원조하기 위해 설립된 복지관은 이민자들을 위한 직업 교육과 사회 적응 훈련을 마련했으며,

이들 가정에 필요한 어린이 돌봄과 교육도 제공했다. 이러한 사업에서 교회를 중심으로 지역 사회 내 봉사 활동을 주도하던 여성이 주도적 역할을 수행하기도 했다.

당대의 중요한 개혁사상가로 헨리 조지(Henry George)를 빼놓을 수 없다. 조지 역시 사회진화론의 결정론적 관점을 거부하고 사회를 개선할 구체적 방법을 논하는 데 집중했다. 조지에 따르면 가난은 자원 부족 문제와 사회에서 부가 제대로 분배되지 않는 데 기인한다. 특히 토지 소유자들이 토지 가치의 상승에 힘입어 향유하는 이익이 문제의 핵심이라고 주장했다. 조지는 토지의 가치를 창출하는 데 기여한 바 없는 개개인이 토지에 대해 독점적 소유권을 갖는 것은 잘못되었다고 지적했다. 이러한 생각은 단일세론으로 발전했다. 조지는 토지 가치에 세금을 부과하면 사적 소유를 인정하면서도 토지의 공공성을 견지하고 투기의 소지를 막을 수 있다고 생각했다.

에드워드 벨러미(Edward Bellamy)는 아예 사적 소유를 없애 무한 경쟁 사회의 폐해를 없앨 방법을 모색했다. 생산수단을 소유하고 국민들을 각자 적성에 맞는 직업에 배치하는 일종의 사회주의 국가를 이상 사회로 제시했다. 불필요한 경쟁을 자극해 인간의 이기적 측면을 강화하는 자본주의 사회를 완전히 벗어나야 한다고 요구한 것이다.

조지나 벨러미의 사상은 사회진화론에 대한 정면 도전이었다. 강자가 약자를 밀어내고 도태시키는 사회를 당연시하는 대신 그러한 일을 가능케 하는 구조 자체를 바꿔 사회 문제를 해결해야 한다고 주장했다. 결과적으로 이 두 사람의 주장은 채택되지 않았으나, 이들이 제시한 대안적 사상은 오늘날까지도 지지받고 있다.

제국주의로

조지나 벨러미를 비롯한 사상가들은 사회진화론이 사회적 강자의 이론으로, 승자의 논리로 정당화되는 데 제동을 걸었다. 그러나 결국 사회진화론이 19세기 말 미국 제국주의 발전의 사상적 토대가 되었음은 부인할 수 없는 사실이다. 이 시대에는 다른 대륙, 다른 인종의 사람들을 무력으로 제압하고 강압적으로 통치하는 행위가 적자생존의 원리로 정당화되었다.

미국은 영국의 식민 지배로부터 독립해 국가를 형성했고, 민주주의에 기반을 둔 국가로서 유럽의 식민주의에 반대해 왔다. 그러한 미국이 스스로 해외 영토를 개척하며 제국 반열에 올라서는 것은 그리 자연스러운 일은 아니었다.

여러 미국인들이 팽창에 반대했고, 해외 영토 통치에도 거부감을 보였다.

사회진화론의 대표적 사상가 섬너조차 제국주의에는 반대했다. 섬너는 자유 무역을 적극 옹호했기 때문에 국가와 금권의 결탁을 의미하는 제국이 옳지 않다고 주장했다. 사회 개혁이 국가의 부자연스러운 개입이라며 반대했던 것과 같은 논리로 제국주의 역시 부자연스러운 국가 행위로 간주하고 반대했다.

하지만 미국인들은 서서히 미국의 제국주의를 정당화하는 쪽으로 기울었다. 26대 대통령 시어도어 루스벨트(Theodore Roosevelt, 재임 1901～1909)는 정치 초년생일 때 출간한 저서에서 서부를 정복해 나간 미국의 역사가 바로 가장 우수한 인종의 성장기라고 썼다. 루스벨트는 원주민을 쓸어 내고 정복했던 미국의 역사를 정당화했으며, 이러한 백인의 인종적 승리는 계속될 수밖에 없다고 보았다.

호프스태터는 존 피스크(John Fiske)나 조사이아 스트롱(Josiah Strong) 등 미국의 주요 사상가들에게서 비슷한 논리를 찾아내 지적했다. 루스벨트와 마찬가지로 이들은 인류의 역사가 앵글로·색슨 인종의 팽창과 진보의 역사라고 보았다. 그 정점에 있는 것이 바로 새로운 제국으로 진화한 미국이라고 주장했다. 전쟁은 서로 다른 종들이 생존을 위해 경합을 벌이는 불가피한 과정으로 설명되었고, 여기서 승리한 쪽은 자신이 생존에 적합한 종임을 증명한 것이라는 논리가 성립했다. 미국이 멕시코와 전쟁을 벌일 때 등장한 이 "명백한 운명(Manifest Destiny)"론은 사회진화론과 결합해 스페인과의 전쟁에서도 전쟁의 이념이 되었다.

미국·스페인 전쟁기(1898)는 미국에서 황화론(黃禍論, 황인종 위협론)이 팽배한 시기이기도 했다. 1840년대 황금광 시대와 1870년대 대륙횡단철도 건설기에 노동 부족을 메꾸기 위해 데려온 중국 노동자들에 대한 반감이 이때 인종 전체에 대한 공포로 진화했다. 그 공포가 1882년 '중국인 이민 금지법(Chinese Exclusion Act)'이라는 구체적 형태로 귀결되면서 중국인에 대한 인종적 편견과 혐오가 여론과 정치 담론에서 공공연하게 논의되었다.

배외주의(nativism)는 이 시기 미국 전반에 걸쳐 나타난 외국인 배척의 정서를 설명하는 용어다. "몽골로이드(mongoloid)", 즉 황인종에 대한 혐오와 더불어 주류 미국인과 종교적·인종적으로 다른 모든 유럽인까지 배제하려는 움직임이 나타났고, 이는 20세기 초 이민법 개정으로 이어졌다. 이로써 '기회의 땅'이었던 미국은 폐쇄적 국가로 전환되었다.

이때 미국인이 세계에서 가장 우수한 민족이고, 따라서

그보다 열성인 인종이나 민족을 유입하는 일은 인종의 순수성을 오염시키고 사회를 퇴보시키는 결과를 초래한다는 논리가 자주 등장했다. 아울러 인류를 우성과 열성으로 나누고, 우성 인자의 결합과 유전학적 개량을 통해 인간 사회를 진보시킬 수 있다는 우생학(eugenics)이 과학의 이름으로 강력한 힘을 발휘했다. 서양 백인들은 우생학을 타 인종, 타민족에 대한 정복과 병합 그리고 식민 통치를 정당화하는 논리로 이용했다.

참고문헌

헨리 조지 지음, 김윤상 옮김(2016). ≪진보와 빈곤≫. 비봉출판사.

Bellamy, E.(1888). *Looking Backward: From 2000 to 1887.* Ticknor & Co.

Dawley, A.(2003). *Changing the World: American Progressives in War and Revolution.* Princeton: Princeton University Press.

Hofstadter, R.(1944). *Social Darwinism in American Thought.* Boston: Beacon Press.

Jacobson, M. F.(2000). *Barbarian Virtues: The United States Encounters Foreign Peoples at Home and Abroad, 1876-1917.* New York: Hill and Wang.

Knight, L.(2006). *Citizen: Jane Addams and the Struggle for Democracy.* Chicago: University of Chicago Press.

Rodgers, D.(2000). *Atlantic Crossings: Social Politics in a Progressive Age.* Cambridge: Belknap Press.

03
정당 정치의 유래

정당 활동에서 의회 정치와 대통령제가 시작된다고 해도 과언이 아닌 오늘날, 미국을 만든 설계자들이 정당 정치에 반대했다는 사실은 다소 놀랍게 여겨진다. 미국사 초기 오랜 기간 동안 정당은 해로운 것이며, 존재해서는 안 된다는 생각이 지배적이었다. 호프스태터는 미국 초기 정치사상을 깊이 있게 분석해 반정당 정치 이념의 논리와 실제를 살펴보았다. 이를 통해 반정당 정치가 이상적이라고 주장했던 수많은 정치인들이 사실상 가장 당파적인 정치를 펼쳤다는 모순을 드러냈다. 그 결과 등장한 양당제 정치 체제는 민중주의적 성향을 띤 미국 민주주의의 핵심 요소로 자리잡게 되었고, 이는 반지성주의의 발흥과도 밀접하게 연관된다.

'정당은 사악한 것'

아메리카 식민지가 영국으로부터 독립해 나라를 세우던 18세기 말, 대서양 양안의 세계에서 정당에 대한 평가는 대체로 우호적이지 않았다. 호프스태터가 인용하는 조너선 스위프트(Jonathan Swift)는 "정당은 소수의 이익을 위한 다수의 광기"라고 결론지었다. 정당과 당파가 필요하고 유용하다는 견해는 극히 소수였고, 정치인과 사상가 대부분은 정당을 사사로운 이익을 위해 공동체를 분열시키는 당파, 파벌, 붕당과 동일시하면서 사악하고 해로운 것으로 간주했다.

미국 건국과 헌법 제정에 핵심 역할을 한 알렉산더 해밀턴(Alexander Hamilton)은 정당은 사악한 것이니 존재하지 않도록 해야 한다고 주장했다. 그렇다면 서로 다른 의견은 어찌 조율할 것인가? 이에 대해 다수결로 결정한 뒤 다른 의견을 강제로 금지하는 것부터 반대파를 흡수 통합한 후 사면해 주는 것까지 다양한 방법이 제기되었다.

또 다른 헌법 입안자들인 제임스 매디슨(James Madison)이나 토머스 제퍼슨(Thomas Jefferson)은 정당은 대체로 사악하지만 당파성은 인간 본성이므로 존재할 수밖에 없다고 생각했다. 이들은 정당을 필요악으로 보고 통제의 묘를 살려야 한다고 주장했다. 한편 미국의 초대 대통령 조지 워싱턴(George Washington, 재임 1789~1797)은 이임사에서 정당이 가져올 수 있는 해악을 엄중하게 경고했다.

이처럼 미국 건국기에 정당에 대한 평가가 비관적이었던 이유는 명확해 보인다. 당시 미국은 막 대제국인 영국에 반기를 들고 반란에 성공한 신생 국가였다. 정치적 성향 때문에 국론이 분열하고 당파 간 경쟁과 이간질이 심해진다면 이는 자칫 국가의 존립 자체에 위태로운 결과를 초래할 수도 있을 것이었다. 성공한 반란자들은 이제 더 이상의 반란을 막아야 하는 권력자로 진화해야 했다.

그러나 미국은 민주주의 국가가 아닌가? 그렇다면 반대 의견의 자유로운 제시를 어떻게 보장할 것인가? 정당이 폄훼되는 국가에서 다양성을 어떻게 보장할 것인가? 붕당에는 반대하지만 견제와 균형을 중시했던 소위 '건국의 아버지들'은 어떻게 민주주의의 기본 원칙인 정치적 자유를 보장하면서도 정권을 안정적으로 유지할 수 있을지 고민했다.

당파를 금지하는 독재 정권이 아닌 이상 정치적 집단의 존재를 불법화할 수는 없었다. 정당이 나쁜 것이라고 해도 무턱대고 없애거나 금지할 수 없는 일이었다. 그렇다면 어떻게 책임감 있고, 효과적이며, 합법적인 방식으로 반대의 정치를 발전시킬 수 있을지가 관건이었다. 당시는 아직 전국 차원의 정치 집단이 확립되지 않은 상황에서 각 주(state)에 다양한 여러 당파들이 형성될 수 있다고 믿던 시절이었다. 미국 헌법의 제정자들은 여러 당들의 이합집산 가운데 의견 조율이 필요할 것이라고 보았다. 이렇게 분립하는 여러 이해관계의 통제가 현대 법체계의 주요 과제가 되었다.

사실 헌법 제정자들에게 당시 더 심각했던 사안은 주와 주 사이, 특히 작은 주와 큰 주, 인구가 적은 주와 인구가 많은 주 사이의 균형 문제였다. 영토가 큰 미국에서 다수당이 횡포를 부리기는 어렵지만, 몇 개의 거대 주들이 연합해 국론을 장악할 가능성은 높았다. 이러한 고민 속에서 만들어진 헌법은 삼권 분립과 양원제 의회를 통해 최종적 견제와 균형을 달성하도록 설계되었다.

이렇게 출발한 미국이 어떻게 지금과 같은 확고한 양당제 정치 체제를 확립하게 되었는가? 보통 미국사에서 1828년 이전의 시기는 공식적 정당들이 존재하지 않던 시기로 치부된다. 그렇다면 그 시기를 지나 어떻게 1828년에 첫 번째 정당인 민주당이 창당될 수 있었을까? 호프스태터는 미국 정치사, 정당사 그리고 사상사에 걸쳐 중요한 의미를 띠는 이 질문을 여러 저서에 걸쳐 논했다.

연방파와 민주공화파

건국의 아버지들은 당파 갈등이 없는 나라를 꿈꿨다. 그러나 국가 출범 직후부터 분명해진 것은 다양한 정당들의 이합집산이 아니라 두 강력한 파벌의 날개 아래 다양한 의견들이 수용되어 갔다는 점이다. 즉 지금 우리가 아는 양당 체제가 등장했다. 호프스태터는 여기에 현대 미국 정치의 큰 역설이 있다고 이야기한다.

비록 공식 정당의 출범은 19세기 중반에야 이루어졌지만, 그 전에 미국에 정파가 없었던 것은 아니다. 건국 이전부터 미국에는 정부의 기능과 권한을 둘러싸고 크게 다른 두 의견이 존재했다. 헌법 제정 당시부터 강력한 연방정부의 중앙 집권 통치를 선호하는 연방파 그리고 지방 분권과 각 주·개인의 권한을 강조하는 민주공화파 사이 이견과 갈등이 표출되었다.

제헌 국가 미국은 대통령제를 채택하고 중앙 정부의 기능과 권한을 문서화했다는 점에서 이미 연방파의 입지가 강한 상태로 출범했다고 볼 수 있다. 하지만 민주공화파는 헌법에 연방정부의 권한을 견제할 제도적 장치를 탑재하는 데 성공했다. 민주공화파를 설득하기 위한 "연방주의 소고(The Federalist Paper)"와 권리 장전, 즉 헌법 수정 조항 10개의 통과가 바로 초기 미국에서 두 정파의 갈등과 봉합을 잘 드러내는 에피소드다.

초대 대통령 워싱턴은 연방파로 분류될 수 있지만 민주공화파 역시 배제하지 않았다는 점에서 양쪽을 아우르는 지도력을 인정받은 인물이다. 하지만 워싱턴의 통치가 끝나자 두 정파는 외교, 사법, 국내 정치 문제 전반에 걸쳐 서로 다른 입장을 드러내며 반목하기 시작했다. 미국사에서 "1차 정당 체제"라고 불리는 이 시기는 아직 공식 정당이 존재하지는 않았으나 현실 정치에서 독립기부터 계속되어 온 정파 간 차이가 또렷해진 기간이었다.

연방파와 민주공화파 사이의 갈등은 연방파였던 2대 대통령 존 애덤스(John Adams, 재임 1797~1801)가 임기를 마치던 시점에 치러진 1800년 대선 때 불거졌다. 당시 연방파는 행정부와 의회에서 수적 우위를 점하고 있었으나 마땅한 차기 대권 후보가 없어 민주공화파의 두 유력 후보 가운데 한 사람을 부득이 후임 대통령으로 선출해야 할 상황에 부닥쳤다. 이때 연방파의 거두였던 해밀턴이 선택한 사람은 토머스 제퍼슨이었다.

통상 미국사 연구자들은 이 결정을 두 정파 간 타협으로 본다. 연방파는 타협 가능한 인물로서 자신에게 덜 위험한 존재였던 제퍼슨을 택했고, 제퍼슨은 3대 대통령(재임

1801~1809)으로 당선되면서 연방파의 재정 정책을 수용해 워싱턴처럼 두 정파 모두 포용하는 모습을 보였다. 호프스태터는 이것이 바로 정당의 출현을 막기 위한 제퍼슨의 흡수 정책이라고 보았다. 제퍼슨은 민주공화파 안에 연방파의 정책을 품어 하나의 거대 당파로 국가를 이끌어 가려 했다.

이로써 건국 1세대는 정당의 출현을 막은 채 평화롭고 합법적인 정권 교체를 성공적으로 마무리했다. 제퍼슨에 이어 민주공화파의 제임스 매디슨(재임 1809~1817)이 정권을 잡았고, 총선에서도 민주공화파가 대중의 지지를 받으면서 연방파는 소멸하고 민주공화파가 유일한 대세가 되었다. 이로써 초기 정파 간 분리는 봉합되는 것처럼 보였다. 건국 1세대는 당파의 차이보다 민주주의와 공공선의 추구가 우선시되어야 하며, 대통령의 영도하에 모두가 하나의 정책을 지지하는 것이 가능하다고 믿었다.

5대 대통령 제임스 먼로(James Monroe, 재임 1817~1825) 역시 미국이 붕당 없는 하나의 국가가 되어야 한다고 믿은, 반정당주의 정서가 강한 인물이었다. 먼로는 연방파의 정책을 수용하되 연방파 인물들은 배제함으로써 정당과 정파 없이 미국을 이끌어 나갈 수 있다고 믿었다. 모두를 품은 민주공화파는 완전무결하므로 다른 당파는 필요치 않다는 입장을 취했다.

합법적이고 공익적인 정당

하지만 정말로 민주공화파의 날개 아래 두 당파가 조화롭게 어우러졌을까? 1801년 제퍼슨 취임과 동시에 벌어진 '마버리 대 매디슨(Marbury v. Madison)' 사건은 연방파와 민주공화파 사이 균열이 얼마나 심각했는지 잘 보여 준다. 애덤스 대통령은 퇴임 전날 지방 판사를 대거 임명하는 무리수를 두었다. 임명장이 채 전달되기도 전에 새 대통령이 취임했고, 국무장관 매디슨은 임명장 전달을 거부했다. 임명장을 받으려는 판사는 국무장관의 전달 책임을 묻는 소송을 진행했다. 두 정파의 잠재적 갈등을 잘 보여 준 사건이다.

한동안 연방파는 미국 정계에서 사라진 것처럼 보였다. 1812년 미국이 영국과 전쟁을 치르면서 내부의 차이와 갈등은 다시 억눌렸다. 이른바 "우호의 시대(Era of Good Feelings)"라고 불린 1825년까지 건국의 아버지들이 꿈꿨던 무당파 정치, 정당 없는 정부가 가능한 것처럼 보였다.

그러나 명백한 갈등을 애써 누르며 정당의 출현을 막던 시대는 끝나 가고 있었다. 호프스태터는 신세대 정치인들이 변화의 중심에 있었다고 설명한다. 혁명 1세대가 무대에서 내려가고 혁명 2세대의 시대로 접어들면서 정당에 대한 현대적 개념이 확립되기 시작했다. 호프스태터가 주목한 대표적 신세대 정치인은 마틴 밴 뷰런(Martin Van Buren)이었다.

밴 뷰런은 앤드루 잭슨에 이어 미국 8대 대통령(재임 1837~1841)을 지낸 인물이지만, 호프스태터가 주목한 것은 그 전 정당 창시자로서 밴 뷰런의 활동이다. 명문가 출신이었던 혁명 1세대와 달리 잭슨이나 밴 뷰런은 평범하고 가난한 집안에서 태어나 스스로 경력을 개척해 나가야 했던 사람들이었다. 이들은 엘리트 집단 사이에서 갈등을 봉합하며 권력을 주거니 받거니 하는 체제의 한계를 절감했다. 타고난 자리를 보장받지 못한 이들로서는 정치에 가담할 통로로서 정당이 필요했다.

잭슨과 함께 최초의 현대적 정당인 민주당을 만들면서 밴 뷰런은 우선 정당이 합법적이고 공익적인 기능을 수행할 수 있음을 보이는 데 힘썼다. 정당은 파벌 싸움으로 국가를 분열시키는 것이 아니라, 권력에 반대하는 의견까지 포함해 국민의 의견을 정치에 반영할 절차를 제공하는 민주주의의 핵심 요소라고 설명했다.

밴 뷰런은 자신과 비슷한 배경을 지닌 사람들로 조직을

구성하고 지역 정당 활동을 꾸려 나갔다. 이들은 주로 자수성가해 지역 사회에서 존경받는 중산층 혹은 중하층 구성원들로, 주나 연방정부의 정계에 직접적 연결 고리가 없는 보통 사람들이었다. 뉴욕주에서 시작된 이 같은 지역 조직은 이른바 '머신(machine) 정치'(정당원에 대한 보상과 강력한 조직 통제력으로 정당을 운영하고 이끌어 가는 방식)를 기반으로 성장한 미국 정당 역사의 특수한 성격을 보여준다.

이로써 정당은 합리적이고 공개적인 반론을 제기할 통로이자, 서로 다른 견해를 대중에게 설명하고 지지를 얻어낼 소통의 장으로 자리매김했다. 밴 뷰런은 정당 간 경쟁이 더 정확한 정보를 제시하고 정치에 대한 국민의 관심을 자극할 수 있을 뿐 아니라, 정치를 공개해 밀실 정치의 부패를 막을 수 있다고 주장했다.

이처럼 정당의 탄생은 전문 직업인으로서 정치인의 탄생과 합리적 대중 정치의 열망에 힘입어 이루어졌다. 그렇게 처음 창당된 정당이 민주공화파에서 파생한 민주당이었고, 민주당에서 당선시킨 첫 대통령이 바로 앤드루 잭슨이었다. 호프스태터는 반지성주의 정치의 핵심을 이룬 잭슨의 정치적 기반이 미국 정당사의 출발점이라는 사실을 밝혔다.

참고문헌

Hofstadter, R.(1969). *The Idea of a Party System: The Rise of Legitimate Opposition in the United States, 1780–1840.* Berkeley: University of California Press.

Howe, D. W.(2009). *What Hath God Wrought: The Transformation of America, 1815–1848.* Oxford: Oxford University Press.

Lewis, V.(2019). *Ideas of Power: The Politics of American Party Ideology Development.* Cambridge: Cambridge University Press.

Wood, G.(2021). *Power and Liberty: Constitutionalism in the American Revolution.* Oxford: Oxford University Press.

04
모순, 역설

모순은 동시에 존재할 수 없는 대립적 요소가 공존하는 상황을 의미한다. 호프스태터는 미국 역사의 여러 사건과 인물들, 특히 미국의 근간을 이룬 중요한 문제들이 모순적이었다고 비판했다. 독립혁명이 부정하지 않은 노예제의 존재, 당파에 반대한 사람들에 의해 만들어진 정당제 정치, 개혁 정책의 대표 사례로 꼽히지만 기업에 이용당한 반독점법 등이 그것이다. 사회 개혁과 세계 지배를 동시에 추구한 대통령들과 정치인들은 미국 제국주의의 역설적 면모를 잘 드러냈다. 호프스태터는 결국 이와 같은 모순적 역사가 미국의 본질이라고 평가했다.

미국사의 모순

호프스태터는 미국사를 설명할 때 '모순(irony)' 또는 '역설(paradox)'이라는 표현을 자주 사용했다. 어떤 사람 혹은 상황이 역설적이라는 말은 서로 대립적인 요소가 공존한다는 뜻이다. 예컨대 정당 정치의 역사에서 건국의 아버지들은 당파 정치를 불신했기에 정당 설립에 반대했지만, 사실 그들은 누구보다 당파성이 강한 사람들이었다는 점에서 매우 모순적이었다.

정당 정치가 위험하고 사악하다는 믿음 탓에 '정당'이라는 단어는 헌법 어디에도 기술되지 않았다. 아울러 당시 미국에 공식 정당이 존재하지 않았다는 이유로 정치적 갈등은 없는 것처럼 포장되었다. 그러나 이러한 노력에도 불구하고 서로 다른 정치적 지향을 지닌 정당이 창당되고야 말았다. 호프스태터는 반정당주의자들에 의한 정당 체제 설립을 미국사의 역설로 보았다.

호프스태터는 미국사의 또 다른 대표적 모순·역설로 반독점법을 꼽는다. 호프스태터는 미국 사회에서 반독점 운동이 막강한 세력을 형성했던 적이 있다고 보았다. 반독점법은 특정 기업의 시장 독점을 막고 기업 간 가격 담합을 금지하는 등 소비자의 이익을 보호하기 위해 만들어진 법이다. 기본적으로 자본주의 체제의 무한 자유 경쟁 원칙을 지켜 내는 것이 목표다.

미국에서는 1890년 셔먼 반독점법(Sherman Antitrust Act)이 제정되었고, 이는 1914년 클레이턴 반독점법(Clayton Antitrust Act)으로 구체화했다. 그러나 이들 반독점법은 거대 기업의 성장을 막지 못했을 뿐 아니라 버텨 낸 대기업들에게 면죄부를 선사하는 역할을 했다. 호프스태터는 반독점법 제정 이후 반독점주의 운동이 둔화했다고 지적하며 이는 큰 모순이라고 말한다. 반독점 운동은 소기의 목적을 달성한 듯했지만 결국 불완전한 법을 남긴 채 대중의 관심에서 사라졌다는 것이다.

이에 따르면 호프스태터가 모순, 역설이라고 표현한 것은 개혁의 한계로 인해 부정의가 승리하는 상황을 가리킨다. 사회 개혁 운동에서 시작된 정책은 입법화 과정에서 예봉을 꺾고 온건해졌을 때 결과적으로 원래의 취지에 반대되는 상황을 만든다. 개혁이 본래의 개혁성을 끝까지 밀어붙이지 못하고 중간에 안착할 때 그 한계는 오히려 부작용을 불러일으키는 것이다.

셔먼 반독점법 제정에 큰 지분이 있는 시어도어 루스벨트 대통령은 "독점 파괴자(trust buster)"라는 별명까지 붙었지만, 스스로도 인정했듯 모든 독점에 반대하지는 않은 모순적 인물이었다. 좋은 독점과 나쁜 독점을 구분해야 하며 자신이 그 차이를 감별할 수 있다고 보았다는 점에서 그야말로 독점적 권력을 행사했다.

반독점법은 제정 당시 미처 고려하지 못한 방향에서 역풍을 맞기도 했다. 기업 측은 반독점법이 가격 담합을 독점으로 분류한다는 점에 착안해 노동조합의 임금 협상권 역시 독점 행위라는 법 해석을 내놓았다. 기업의 자유를 제한하기 위해 입안된 법이 노동의 권리를 침해하는 데 이용된 것이다.

이 같은 역설적 상황은 마이클 샌델(Michael Sandel)이 꾸준히 비판해 온 미국사의 흐름과도 일치한다. 샌델에 따르면 미국은 공화주의적 가치를 우위에 두고 건국되었지만, 헌법에 대한 해석이 보수화하면서 자유주의적 성향이 더 강해졌다. 어느새 평등보다 자유가 미국의 가장 중요한 가치로 자리 잡았다. 그 결과 평등과 정의가 실현되지 않음에도 능력주의에 입각한 성공 여부를 중시하면서 기회의 공정만 강조하는 경향이 나타났다. 사회적으로 다른 여건, 즉 다른 출발선이 존재한다는 사실은 무시되고 모든 결과가 그저 동등한 기회를 지닌 개개인의 역량 문제가 되어 버린다. 공공선을 가장 높은 곳에 두었던 공화주의는 절차적 민주주의에 자리를 내주었다.

대표적 정치인들

주요 인물을 중심으로 미국 정치사를 저술한 호프스태터의 ≪미국의 정치적 전통과 그것을 만든 사람들≫은 미국의 발전에 중요한 역할을 한 정치적 지도자들을 다룬다. 그런데 호프스태터는 각 장 제목을 통해 이 인물들의 모순성을 적나라하게 드러낸다. 토머스 제퍼슨은 "민주주의를 신봉하는 귀족"이었고, 존 캘훈(John Calhoun)은 "지배 계급의 카를 마르크스"였으며, 윌리엄 제닝스 브라이언은 "종교 부흥 운동가인 민주주의 옹호자", 우드로 윌슨(Woodrow Wilson)은 "자유주의적 보수주의자"였다.

면면을 살펴보면 호프스태터가 왜 이 위대한 인물들을 모순적 존재라고 칭하는지 이해할 수 있다. 예컨대 브라이언은 금권 정치와 제국주의를 반대했다는 점에서 진보적이고 자유주의적인 인물로 설명된다. 브라이언은 국무장관과 국회의원 경력을 포함한 긴 정치 인생 가운데 적어도 두 차례 전국적 스포트라이트를 받았다. 그런데 브라이언이 화제의 중심에 섰던 바로 그 두 사례가 그에 대한 평가를 단순화하기 어렵게 한다는 점은 매우 흥미롭다.

첫 번째 사례는 1896년 대통령 선거에서 민주당과 인민당의 공동 후보로 지명되었을 때다. 이때 브라이언은 "위대한 보통 사람"이라는 칭호를 얻으며 기득권 정치의 반대편에 선 대표적 인물로 부각되었다. 브라이언은 은화 주조를 요구하는 편에 서서 "인류를 황금 십자가에 못 박아서는 안 된다"는 유명한 연설을 했다. 서부와 남부의 가난한 농민들의 지도자로 우뚝 서는 순간이었다.

브라이언이 다시 전 국민의 관심을 집중적으로 받은 것은 1925년 스코프스의 원숭이 재판 때였다. 검찰 측의 자문을 자청하고 테네시로 내려간 브라이언은 대중 앞에서 성경을 무조건적으로, 문자 그대로 믿어 스스로 모순에 봉착하는 당황스러운 모습을 보여 주고 말았다. 재판의 결과는 브라이언과 검찰의 승리였지만, 브라이언은 근본주의 신앙의 문제점을 적나라하게 드러내면서 그 몰락을 상징하는 장본인이 되고 말았다.

호프스태터는 한 면에서 사회적 약자를 위한 정치, 평화주의, 반전주의의 면모를 보여 주고 다른 면에서는 비합리적이고 선동가적인 면모를 보여 준 브라이언이 얼마나 모순적인 존재인지에 주목했다. 그리고 그 모순의 이유로 브라이언을 움직인 동력이 부흥회 전도사와 같은 신앙심이었다는 점, 즉 그가 정치를 종교처럼 했다는 사실을 든다.

한편 우드로 윌슨은 제1차 세계대전을 연합국의 승리로 이끈 지도자이자 소위 제3세계 식민지에 독립의 희망을 지핀 민족자결주의의 주창자로 유명하다. 하지만 본래 윌슨이 식민지들을 염두에 두고 민족자결권을 생각한 것은 아니라는 사실은 잘 알려져 있다. 식민지 국가들은 윌슨을 독립 운동의 수호자로 착각하고 추앙했지만, 이러한 반응에 당황한 윌슨은 베르사유에서 이들 국가를 대표해 참석한 자들의 접견 요청을 거부했다. 윌슨에게 더 중요했던 것은 동맹국이자 제국인 서양 강대국들의 비난이었다.

윌슨은 프랑스 대혁명이나 미국 농민 반란과 파업을 비판한 보수적 정치인이었다. 급격한 변화보다는 사회 질서를 중시하고 현상 유지(status quo)를 신봉한 사람이었다. 아울러 남부인이자 독실한 개신교도로서 미국에서 흑인이 백인과 동등한 권리를 가졌다고 생각하지 않은 차별주의자이기도 했다.

동시대인이자 개혁적 성향을 띠었다는 점에서 여러모로 윌슨과 비교되는 시어도어 루스벨트는 반독점법에서뿐 아니라 다른 정책에서도 여러 모순점을 드러낸 흥미로운 인물이었다. 루스벨트는 누구보다 세련된 도시인이자 엘리트 가문 출신이었지만 미국에서 남성성을 고취하는 데 사냥과 야영이 필요하다고 믿었던 사냥꾼이자 보이스카우트의 원형 그리고 국립공원의 창시자였다.

루스벨트는 윌슨과 달리 흑인 지도자들을 백악관에 초대

했고, 도시 빈민들을 위해 환경 개선 정책을 시행했던 대표적 개혁 운동가에 속한다. 하지만 루스벨트는 호전적 인물로, 전쟁터를 찾아 달려가는 군인이었다. 라틴아메리카 국가들을 상대로 무력을 불사하는 개입 정책에 앞장서 '세계 경찰'로서 미국 제국주의의 시작을 알린 인물이기도 했다. 호프스태터는 상이한 특성들이 공존하는 루스벨트의 모순성을 "진보주의적 보수주의자"라는 제목으로 꼬집었다.

역설이 본질이라면

미국 역사에 모순이 존재한다는 것은 어떤 의미일까. 상이한, 아니 그저 상이한 것이 아니라 대립적이며 양립할 수 없을 것 같은 가치들이 공존하는 미국은 과연 어떤 나라일까.

호프스태터가 미국 정치 제도와 주요 인물들의 모순에 천착했다면, 에드먼드 모건(Edmund Morgan)은 또 다른 면에서 미국사의 역설을 분석했다. 후일 저서로 발전한 1972년 미국역사학회 회장 취임 연설의 제목은 "노예제와 자유: 미국의 역설"이었다. 모건이 집중한 주제는 미국의 인종 문제였다.

자유와 민주주의를 표방하며 독립한 미국에 노예제가

존재했다는 사실이 모순임은 누구도 부인할 수 없는 사실이다. 모건의 질문은 그보다 정교했다. 그렇다면 노예제는 민주주의 국가 미국의 오점에 불과한가? 독립 당시 전체 인구의 5분의 1에 해당했던 흑인 노예에만 국한된 문제인가?

모건의 대답은 "그렇지 않다"였다. 미국이 독립할 수 있게 한 힘, 그리고 독립 이후 자유로운 국가를 영위할 수 있게 한 힘은 경제적 독립에 바탕을 두었다. 그런데 당시 미국에서 가장 중요한 작물이었던 담배는 전적으로 노예 노동에 의해 생산되었다. 이후 미국이 19세기 내내 눈부시게 성장하는 동안 유럽과의 무역에서 중심 작물이었던 면화 역시 노예 노동 없이는 생산이 불가능했다.

그러므로 모건이 이야기하려 한 바는 자유 국가 미국과 노예제가 따로 존재하는 것이 아니라, 미국 그 자체가 노예제에 의해 성장했다는 사실이다. 노예제가 미국의 모순인 것이 아니라 미국의 본질이 모순이다. 국가 발전의 밑받침이 노예제였기에 그것만 도려내어 수정하는 일은 불가능하다.

인종 관계에서도 백인 시민의 지위는 노예라는 상대적 박탈 대상을 바탕으로 만들어진다. 특히 백인 간 계급 갈등을 무마하기 위해 인종 갈등을 이용했다는 점에서 미국 민주주의에는 본질적 모순이 존재한다. 낸시 아이젠버그

(Nancy Isenberg)도 ≪알려지지 않은 미국 400년 계급사(White Trash: The 400-Year Untold History of Class in America)≫에서 '계급 없는 미국'의 서사에 반론을 제기한다. 미국에서는 인종이 계급을 대체했다.

이렇게 보면 호프스태터가 파헤친 미국 정치사의 모순이 한층 심각한 의미를 내포하고 있다는 점을 깨닫게 된다. 그 모순은 몇몇 개인의 일탈이나 사소한 흠집이 아니라 미국 사회의 근간을 만들어 온 원칙 자체를 회의할 수 있게 한다.

참고문헌

Hofstadter, R.(1948). *The American Political Tradition and the Men Who Made It.* New York: Alfred Knopf, Inc.

Hofstadter, R.(1965). *The Paranoid Style in American Politics.* New York: Vintage Books.

Isenberg, N.(2017). *White Trash: The 400-Year Untold History of Class in America.* New York: Penguin Books.

Kaplan, A.(2005). *The Anarchy of Empire in the Making of U.S. Culture.* Cambridge: Harvard University Press.

Manela, E.(2009). *The Wilsonian Moment: Self-Determination and the International Origins of Anticolonial Nationalism.* Oxford: Oxford University Press.

Morgan, E.(1975). *American Slavery, American Freedom: The Ordeal of Colonial Virginia.* New York: W. W. Norton & Company.

Sandel, M.(2022). *Democracy's Discontent: A New Edition for Our Perilous Times.* Cambridge: Belknap Press.

05
신화, 민속 문화, 음모론

미국 리버럴리즘의 계보는 인민주의, 혁신주의 그리고 뉴딜로 이어지는 진보적 개혁 입법 운동으로 구성된다. 이들 운동은 자유방임주의를 거부했고 국가 개입을 통해 사회 안전망을 구축해야 한다고 주장했다. 그런데 호프스태터는 그 시작점인 인민주의가 진보적이라기보다는 복고주의적이었을 뿐 아니라 때로는 현실을 부정하는 기만성을 띠었다고 비판했다. 이러한 전복적 해설을 위해 호프스태터가 차용한 개념 틀은 신화, 민속 문화, 음모론이다. 호프스태터는 역사학에서 잘 쓰이지 않는 인류학적 용어를 사용해 인민주의 밑바닥에 깔려 있는 문화적·정서적 영역을 파헤쳤다. 이를 통해 미국 역사를 이상화한 신화를 벗겨 내려 했다.

자영농 신화

미국사에서 인민주의는 다양한 농민 조직에 기반을 둔 개혁 운동으로 설명된다. 농촌 지역별로 활동하던 협동조합이나 공제회 그리고 농민 동맹 등이 규합해 19세기 말에 전국적 정당을 창설했으며, 이는 대선 국면에 큰 영향력을 발휘하는 정치 세력으로 성장했다. 대통령을 배출하지는 못했지만, 이 정당에서 제안한 여러 정책이 혁신주의와 뉴딜로 흡수되었다. 이러한 의미에서 인민주의는 개혁의 흐름 속에서 미국 진보적 정치사상의 맥을 시작했다는 평가를 받기도 한다.

인민주의 운동의 주요 요구 사항은 정부 소유의 농산물 저장고 운영, 중앙은행 폐지, 부재지주제 금지, 연방 상원의원 직선제, 철도·전화·전신의 국유화, 누진 소득세, 복본위제 등이었다. 결과적으로 이 모든 요구는 어느 시점에 미국의 정책이 되었고, 이 중 다수가 현재까지도 유지되고 있다. 무엇보다 인민주의 운동은 연방정부가 일반 국민의 삶에 정책을 통해 개입해야 한다고 주장한 정치 세력 중에서 가장 선구적이었다고 평가할 수 있다.

그런데 호프스태터는 인민주의 운동이 진취적 개혁이 아니라 현실 파악을 거부한 복고주의였다고 분석했다. 산업화 시대를 맞아 관심의 초점이 도시로 옮겨 가던 상황에서 농촌이 중심이었던 과거로 돌아가려는 움직임이었다는 것이다. 호프스태터에 따르면 미국에는 산업화 이전 미국을 자영농들의 이상향으로 여기는 전통이 있다. 제퍼슨을 비롯한 여러 정치인들이 이 속설을 권력 유지에 이용했다. 이들 정치인에 따르면 미국 민주주의의 성공 여부는 독립적이고 책임감 있는 국민의 존재에 달려 있다. 미국 국민이 공화국의 가치를 지켜 나가기 위한 올바른 정치적 선택을 하려면 무엇보다 경제적으로 자립적이어야 했다. 의존적인 사람들은 남의 영향력과 견해에 휘둘릴 수밖에 없고 쉽게 금권 정치의 대상이 되기 때문이다. 이러한 맥락에서 독립적 자영농의 사회가 중시되어 왔다.

인민주의자들은 농촌을 타락하고 교활한 도시와 대비하며 순수하고 정직한 곳으로 그려 왔다. 마치 자영농들이 농촌에 이상적 낙원을 만들고 살았던 것처럼 묘사했다. 그랬던 농촌을 어려운 상황에 놓이게 한 것은 바로 도시의 음모라고 주장했다. 따라서 인민주의는 도시에 기반한 중앙은행이나 거대 철도회사 등을 해체해야 한다고 주장했다. 아울러 농촌에 살지 않는 동부 도시인이 농지를 소유하고 타인에게 임대하는 부재지주제의 금지 등은 농촌의 권리를 농촌에 되돌려주자는 취지의 정책이었다고 보았다. 동부 도시에 집중된 부를 해체하면 자영농의 이상 사회를 복원할 수 있다고 주장했다.

하지만 호프스태터는 자영농의 이상 사회가 과연 실존했는지 물으며 그것이 신화, 즉 사실과 다른 허상이라고 말한다. 먼저 미국 농민 다수가 서부와 남부에서 독립적 자영농으로서 행복을 구가했다고 서술하는 것은 기억의 날조라고 말한다. 백인 농민에게 부여된 토지는 원주민을 학살하고 빼앗은 땅이다. 그렇게 획득한 자영농의 삶은 편하고 자유로운 것이라기보다는 고된 노동, 부족한 물자와의 끊임없는 싸움이었다.

나아가 호프스태터는 서부의 자본주의적 발전 과정을 관찰한다. 호프스태터에 따르면 서부에서도 독립 이전부터 상업적 농업과 광범한 채무 관계가 횡행했다. 미국 농민은 누구보다 토지를 부동산으로서 매매하는 데 열심이었고 필요 이상으로 많은 토지를 소유하는 데 골몰했던 개인주의적이고 파괴적인 개척자들로, 순수와는 거리가 먼 집단이었다.

서부 개척지의 경험을 미국 민주주의의 핵심으로 파악한 프레데릭 잭슨 터너(Frederick Jackson Turner)의 프런티어(frontier) 이론도 호프스태터의 비판을 피해 가지 못했다. 터너 학파 역시 미국 농촌의 경험을 이상적으로 그리는 데 치중해 미국의 농본주의 신화를 강화하는 데 기여했다는 것이다. 터너는 서부 농민들의 자본주의적 성향과 투기 등을 언급하기는 했으나 본질적으로 그들을 이상적 자영농으로 그렸다.

호프스태터는 프런티어가 자율적이고 독립적인 개척자들의 이상향이 아니라 미국식 사업 논리에 의해 개발된 또 다른 장이었다고 말한다. 자본주의적 개발에 앞장섰던 농촌 세력은 19세기 들어 농업에 우호적이지 않은 시장에 점차 불만을 갖게 되었고, 예전에 누렸던 이윤을 회복하기 위해 인민주의의 깃발 아래 모였다는 것이다. 따라서 호프스태터는 인민주의가 과거에 대한 이상화·신화화라는 허구에 기반해 복고주의에 입각한 이권 회복을 노렸다고 주장한다.

민속 문화와 음모론

호프스태터는 인민주의가 구성원들에게 어떤 문화적 의미와 정체성을 강화해 주었는지 살펴보기 위해 '민속 문화(folklore)'라는 용어를 사용했다. '민속 문화'는 민간에 전해져 내려오는 생활 문화, 정신, 풍속이나 풍습을 뜻한다.

민속 문화는 신화와 마찬가지로 인류학에서 차용한 용어며, 전통이나 역사와는 조금 다른 각도에서 인민주의를 평가할 수 있게 한다.

호프스태터는 민속 문화로서 인민주의가 인종주의적 특성을 띤다고 보았다. 인민주의가 특히 강력한 정치 세력을 형성한 서부와 남부에서 이상적으로 여긴 미국의 모습에는 인종적 다양성이 포함되지 않았다. 인민주의가 가장 활력 넘치던 시기는 KKK와 배외주의가 강력하게 부상한 시기이기도 했다.

산업화와 도시화 이전의 사회를 이상화한 인민주의는 다양한 이민 집단을 거부하고 반유대주의 성향을 드러냈으며, 흑인 노동자와 연대하지 않았다. 도시적인 것, 외래적인 것에 대한 반감은 인민주의를 폐쇄적이고 국수주의적이게 했다. 농촌을 순수한 미국 정신의 표상으로 포장하면서 협력 가능한 다른 요소들을 쳐내 버리는 한계를 스스로 만든 것이다.

호프스태터는 인민주의가 산업화 이전 사회로의 회귀를 요구하면서 기만적 단순함을 표방하게 되었다고 비판한다. 여기서 호프스태터가 기만적이라고 말하는 이유는 미국이 그렇게 단순한 사회였던 적이 없기 때문이다. 미국은 언제나 이민의 나라였고, 미국을 만든 사람들은 사실상 이민자이자 침입자였다. 미국의 농촌은 서부로 진출한 백인들이 원주민의 땅을 빼앗아 자신의 재산으로 만든 곳이다.

시대별로 미국의 다양한 구성원 가운데 특정 집단이 배제되었다. 원주민과 흑인이 그러했고, 아시아 이민자와 멕시코 출신 주민에 대한 차별과 배제가 이어졌으며, 민족적·언어적·종교적으로 다양한 유럽인들이 유입되기 시작하면서부터는 동유럽·남유럽 출신 사람들에 대한 편견이 표출되었다. 배외주의가 미국을 마치 단일한 정체성을 지닌 집단인 것처럼 포장하고, 이질적 요소들을 구별해 차별하고 배제한다는 점에서 민속 문화는 미국인의 정체성에 대한 신화적 믿음을 강화하는 요소로 작용한다.

인민주의자들은 농촌 위주로 돌아가지 않는 현실을 거부하면서 미국 현대사 전체가 국제적 금융 세력의 음모에 조종당했다고 믿었다. 뉴욕 월스트리트는 영국 금융 시장에 조종당하고, 유럽 금융은 모두 유대인의 지배 아래 있다는 식이었다. 그들의 사악한 음모로 미국 농민들은 피가 빨려 나가는 고난을 겪고 있다는 것이었다.

호프스태터는 은화 주조에 대한 인민주의자들의 무조건적 신념 역시 비합리적 망상에 가깝다고 보았다. 당시 미국 정부가 은화 주조를 중단한 이유로는 은 함량 유지의 어려움과 국제적 통화 관리 등이 있었으나, 인민주의자들은 월가를 장악한 유대인 세력이 농민을 위험에 빠뜨리기 위해 이를 사주했다고 믿었다. 은화 주조가 경제적으로 어떤 결과를 빚을지에 대한 합리적 추론이 결여된 종교적 맹신이었다. 따라서 은화 주조론은 반유대주의 음모론과 뒤섞인 맹신적 신화였다는 것이 호프스태터의 분석이다.

신화로서 역사

미국 역사의 특정 부분들을 신화로 칭하는 것은 미국이 구축해 온 이미지를 해체하는 작업의 일환이다. 미국이 어떠하다고 믿어 온 신념의 근거에 의문을 제기하고 그 당위성을 무력화하기 때문이다. 이러한 맥락에서 '신화'는 호프스태터가 미국 역사의 이데올로기를 해체하기 위해 차용한 단어라고 볼 수 있다.

호프스태터는 미국 역사의 위인들에 대한 신화 역시 해체했다. 프랑스로부터 중서부 영토를 구매해 자영농의 시대를 열었던 제퍼슨 대통령이나 그 영토에서 원주민을 몰아내 백인들의 서부 이주를 가능케 했던 잭슨 대통령의 실용주의는 개발 자본주의와 토지 투기를 포장하기 위한 정치적 용어일 뿐이라고 분석했다.

호프스태터는 시대를 뛰어넘어 존경받는 16대 대통령 에이브러햄 링컨(Abraham Lincoln, 재임 1861～1865)마저 "스스로 만든 신화"의 주인공이라고 분석했다. 노예 해방의 영웅, 국가를 통합한 위대한 지도자라는 이미지가 정치적 역량이 모자랐지만 기회주의적이었던 링컨에게 부당하게 부여되었다고 보았다. 호프스태터는 링컨이 대통령에 당선되기까지 행보에서 노예제에 모호한 입장을 보이거나 관중에 따라 다르게 표현한 사례들을 낱낱이 열거했다. 비극적으로 암살되면서 링컨에게 덮어씌워진 고결한 순교자의 이미지가 사실상 대통령 직무를 수행하기에 버거웠던 그의 나약한 정신 상태나 정무 수행 능력을 가리고 있다는 것이다.

신화로서 미국 역사를 구축한 요소 중 가장 두드러지는 것은 아마 서부를 아메리칸 드림의 근거로 이상화한 과정일 것이다. 19세기 중반 미국은 멕시코와의 전쟁을 통해 지금의 텍사스를 비롯한 남서부의 방대한 영토를 차지하면서 이 정복과 확장이 유럽의 제국주의와는 다른 것이라고 주장했다. 이때 등장한 '명백한 운명'론에 따르면, 미국은 하나님에게 선택되어 민주주의를 확산시키라는 사명을 부여받은 국가이기 때문에 대륙 전체를 미국의 영토로 만들어야 했다.

하지만 호프스태터는 서부를 폭력과 정복의 땅으로 보았고 광신적 종교와 반지성주의의 온상으로 분석했다. 서부에 대한 신화를 해체하는 동시에 개척자 농민에 대한 신화와 그들의 영웅이었던 제퍼슨, 잭슨, 링컨에 대한 신화를 모두 해체해 버렸다.

참고문헌

리처드 호프스태터 지음, 유강은 옮김(2017). ≪미국의 반지성주의≫. 교유서가.

Higham, J.(2002). *Strangers in the Land: Patterns of American Nativism, 1860–1925.* New Brunswick: Rutgers University Press.

Hofstadter, R.(1948). *The American Political Tradition and the Men Who Made It.* New York: Alfred Knopf, Inc.

Hofstadter, R.(1955). *The Age of Reform.* New York: Vintage Books.

Hofstadter, R.(1956). The Myth of the Happy Yeoman. *American Heritage, 7*(3).

Jacobson, M. F.(1999). *Whiteness of a Different Color: European Immigrants and the Alchemy of Race.* Cambridge: Harvard University Press.

McMath, Jr., R.(1993). *American Populism: A Social History, 1877–1898.* New York: Hill and Wang.

Takaki, R.(2000). *Iron Cages : Race and Culture in 19th–Century America.* Oxford: Oxford University Press.

Turner, F. J.(1920). *The Frontier in American History.* New York: Holt.

06
지위불안

인민주의에서 출발한 개혁 운동은 도시로, 전국적 규모로 확산해 대대적 사회 개혁을 위한 입법 활동을 부추겼다. 시정 개혁, 공무원 시험제, 독과점 규제, 환경과 위생법, 누진세와 상원의원 직접선거, 여성 참정권 등을 포함해 이 시기에 만들어진 제도들이 미국 현대 사회의 틀을 확정 지었다 해도 과언이 아니다. 그러나 호프스태터는 엘리트들의 지위불안이 이러한 진보적 사회 운동을 추동한 중요 축이었다고 폭로했다. 변화하는 사회에 걸맞은 제도와 기구를 만들어 새로운 엘리트로서 다시 주도권을 잡기 위한 운동이었다는 것이다. 이 시기에 등장한 반이민 정서와 이민규제법 등은 혁신주의가 기획한 사회 질서의 보수적 성격을 잘 드러냈다.

혁신주의 운동

미국 산업화 시대의 개혁 운동은 농촌을 주무대로 삼은 인민주의에서 시작했다. 20세기 들어 개혁의 불길은 도시로 옮겨 갔고 전국적 규모로 확산했는데, 미국사에서는 이 시대를 '혁신주의' 시기로 부른다. 여러 학자들은 혁신주의가 새로운 법 제도를 도입해 산업화와 도시화의 부작용을 수정하고 개선하려 했던 운동이었다고 평가한다.

혁신주의 운동은 시정 개혁과 공무원 시험제 도입, 대기업의 독과점을 규제하는 법 제정, 환경과 위생에 관련된 법 제도 도입을 통해 합리적 사회 변화를 주도했다. 인민주의 운동이 제기했던 상원의원 직접선거, 누진소득세 등에 대한 요구는 혁신주의 운동에서도 이어졌다. 그 외에 금주법 도입이나 여성 참정권 운동도 혁신주의에 포함시킬 수 있다. 이렇듯 스펙트럼이 매우 광범한 혁신주의 운동을 한 문장으로 요약할 수는 없지만, 대체로 그것은 진보적이고 개혁적인 중상류층 지식인들이 주도했다.

그런데 호프스태터는 혁신주의가 새로운 부의 등장에 위기감을 느낀 구(舊)엘리트의 지위불안에서 비롯했다는 색다른 평가를 내놓았다. 호프스태터에 따르면 미국에는 19세기 말 급격한 사회 변화가 일어나기 전까지 중소 규모의 도시들이 있었고, 각 도시에서는 유력 가문 출신의 엘리트들이 적당한 규모의 도시 행정을 이끌어 가고 있었다. 하지만 사회가 급속도로 변화했다. 이전보다 큰 규모의 부가 형성되었고, 새로운 인구가 유입되었다. 지역 사회를 통솔하고 통제했던 엘리트들은 더 이상 그러한 일이 불가능해졌음을 깨달았다.

구엘리트들은 주로 앵글로·색슨, 개신교도에 고학력자였으며 꽤 부유한 부류에 속했다. 대부분 점잖은 중상류층 전문가들과 유복한 기업가들이었고 정치적으로 보수적이었으며 사회 질서를 중요하게 여겼다. 이들은 규모가 커진 도시에서 새로운 부와 정치가 결합해 나타난 금권 정치와 엽관제 행각에 제동을 걸면서 스스로를 개혁 세력으로 변화시켜 나갔다.

이들을 가리키는 "머그웜프 유형(mugwamp type)"은 원주민어로 위대한 사람이라는 뜻이며, 미국 정치사에서는 특정 정당에 속하지 않은 채 엽관제에 대항해 정치 개혁 운동에 앞장선 부류를 의미한다. 호프스태터는 혁신주의 운동이 기본적으로 이들 머그웜프에 의해 주도되었다고 본다. 이러한 혁신주의는 공화당 출신 정치인과 민주당 출신 정치인 모두를 아울렀고, 제3당을 형성하기도 했다.

혁신주의의 대척점에 있던 것은 이민 노동자들을 정치

세력으로 포섭해 도시 정부를 좌지우지하던 머신 정치였다. 머신 정치는 지역구별로 정치 보스를 두어 이들로 하여금 이민 집단을 통솔하고 직업을 제공하는 대신 투표권을 수렴하도록 했다. 보스는 지역 경제인들과 유착 관계를 형성해 정치력을 유지했다. 이 존재하지 않던 새로운 정치 세력의 등장은 일종의 지위 혁명을 의미했다.

호프스태터에 따르면 구엘리트들, 즉 머그웜프들은 이 과정에서 경제력을 상실하지는 않았지만 지역 행정과 정치의 주도적 지위에서 밀려날지도 모른다는 위험을 느끼게 되었다. 구엘리트들과 어깨를 나란히 하게 된 신흥 세력은 부를 지녔지만 그들보다 거칠고 조야한, 물질주의에 물든 사람들이었다. 구엘리트들이 이 신흥 세력의 성장을 견제하고 지역 정치를 사회 지도층으로서 다시 장악하기 위해 선택한 것이 바로 혁신주의 개혁 운동이었다.

혁신주의 운동을 새롭게 등장한 사회 주도 세력에 맞서 권력을 재장악하려는 구엘리트의 노력으로 본 호프스태터의 논지는 로버트 위비(Robert Wiebe)나 게이브리얼 콜코(Gabriel Kolko)의 분석과 일맥상통한다. 위비는 이 시대를 새로운 사회 질서를 주도하기 위한 신구 엘리트 간 경쟁으로 파악했다. 콜코는 개혁의 수구성과 보수주의를 지적하면서 제도는 바뀌었지만 사회 지도층은 본질적으로 같은 사람들이었음을 증명했다.

반이민 정서

미국은 1860년부터 1910년까지 반세기 동안 엄청난 도시화를 경험했다. 인구 5만 명 이상의 도시가 16개에서 109개로 증가했다. 새로운 도시가 생겨났고, 작은 도시는 큰 도시로, 큰 도시는 대도시로 성장했으며, 도시에 거주하는 인구는 7배가량 증가했다.

도시를 채운 것은 새로운 이민 집단이었다. 이전부터 미국으로 이주해 왔던 영국인, 독일인, 아일랜드인뿐 아니라 낯선 민족 집단들도 미국에 물밀듯이 도착했다. 1900년을 기점으로 눈에 띄게 증가한 사람들로는 폴란드인, 이탈리아인, 러시아인, 동유럽 사람들과 동유럽계 유대인들이 있다. 특히 라틴계 민족과 슬라브계 민족은 기존 앵글로·색슨 민족과 외형 면에서 바로 차이를 느낄 수 있었고, 종교 면에서도 가톨릭이나 정교회 신자들 또는 유대교도들이 다수 등장하면서 이질감을 자아냈다.

1910년경 미국에는 외국에서 출생한 사람의 비율이 전체 인구의 7분의 1가량이었다. 그 절대적 수치가 엄청나게 증가한 데다, 이들은 입국항 근처 도시들에 집중적으로 거주했기 때문에 더 많게 느껴졌다. 이전까지 미국 사회의 주류를 구성한 앵글로·색슨 개신교도들, 즉 양키 미국인들은 이질적 부류가 그들을 에워싼 상황에 마냥 긍정적일 수만은 없었다. 이질감을 느끼게 하는 외모나 언어 또는 종교에 대한 거부감과 두려움은 도시 환경이 악화하면서 더 심해질 수밖에 없었다. 문제는 급격히 증가한 이민자들을 수용할 기반 시설이 준비되어 있지 않다는 사실이었다. 주택과 일자리가 턱없이 부족했고, 가난한 이민자가 밀집한 도시는 비위생적 환경을 만들었다.

혁신주의는 이 같은 이민 증가와 도시 변화에 어떻게 반응했을까? 호프스태터는 이민 반대 운동이 준동했다는 사실에 주목했다. 머그웜프 유형이나 지역 엘리트들이 반이민 정서를 띠었다는 증거는 차고 넘친다. 19세기 중반 다수 유입된 아일랜드인들에 대한 반감과 차별 사례들은 "아이리시(Irish)의 도시 점령"을 우려하는 목소리로 잘 드러났다. 노동조합 지도자들도 이민자들이 일자리를 빼앗는다는 논리로 반이민 운동에 가담했다.

비위생적 도시 환경과 슬럼의 형성은 근본적으로 기반 시설 부족이 초래한 결과였음에도, 여러 미국인들은 환경의 악화가 마치 이민자들의 성격에서 비롯한 양 그들을 매도했다. 그 결과는 이민에 대한 반대, 이민 제한법과 이민 금지법의 제정으로 이어졌다.

호프스태터는 반이민 운동에 정치 세력 양극단이 모두 가담했음을 지적했다. 즉 극우파 보수주의자들도, 혁신주의자들도 이민에 적대적이었다. 아울러 혁신주의의 반이민 정서는 사회 개혁이라는 기치 아래 결집한 인민주의 운동의 인종주의적 성향을 이어받은 탓에 나타났다고 분석했다. 즉 사회를 개선하겠다는 열망이 도시 환경 악화의 주범으로 몰린 이민자를 제거해야 한다는 논리로 발전했다는 것이다.

도시뿐 아니라 농촌에서도 외래 요소들을 거부하는 정서가 팽배했다는 사실은 반이민주의가 시대 상황을 반영했음을 증명한다. 제1차 세계대전 전후로 이질적 이주민은 충분히 미국적이지 않다는, 나아가 반미 세력일 수도 있다는 의심은 KKK 같은 단체가 성장할 수 있게 했다. 가톨릭이나 유색 인종의 지역 사회 유입을 막아 개신교 백인 순혈 사회를 유지하겠다는 주장은 폭력적 운동으로까지 이어졌다. 호프스태터는 KKK의 흥기가 혁신주의 시기와 맞물려 있다는 사실을 적절히 지적했다.

물론 혁신주의 운동이 반이민 정서를 띠었다는 호프스태터의 주장이 모든 혁신주의자가 이민 반대에 동의했다는 뜻은 아니다. 혁신주의자들 중에는 시카고에서 이민자 가정을 위한 사설 복지관을 설립·운영한 제인 애덤스(Jane Addams) 같은 인물도 있었다. 그러나 이민자를 대상 삼은 애덤스 등의 도시 운동 역시 앵글로·색슨 상류층이 정하는 바람직한 가족상을 투영했다는 점에서 보수적 성향을 띠었음을 기억할 필요가 있다.

조직화

호프스태터의 논지에 따르면 혁신주의는 과거 영화의 회복을 꿈꾼 인민주의와 마찬가지로 복고주의적이었다. 정치 개혁을 통해 구엘리트들의 흔들리는 지위를 다시 확고하게 정립하려 했다거나, 이민을 통제해 양키 중심 사회의 순수성을 지키려 했다는 점에서 그러하다. 혁신주의 운동은 이미 급변한 사회의 특정 요소들을 도려내 자신들이 이상적으로 여기는 이전 사회의 형태로 돌아가려는 노력이었다.

그러나 이전 사회로의 복귀를 추구한 혁신주의 운동은 역설적이게도 새로운 사회를 만들어 냈다. 호프스태터는 혁신주의가 수행한 법 제정과 법 제도 확립이 정부 조직의 거대화를 이끌었을 뿐 아니라, 사회 전체의 전반적 기구화와 조직 경영 원리의 일반적 적용으로 이어졌음에 주목한다. 혁신주의 운동이 법을 제정해 개혁을 달성했다는 것은 법안 마련을 위한 단체와 조직이 필요해졌음을 의미했다. 노동조합은 더욱 체계적으로 조직을 키워 나가야 했고, 이는 로비 단체와 이해 집단들의 조직화를 동반했다. 경제력 발전으로 그 수가 늘어난 중산층과 월급 생활자들은 직업의 전문화와 분업화를 경험했다. 법을 적용하고 공공 정책을 실행하는 일이 요구되면서 더 많은 공무원이 필요해졌고, 이들은 정부 내 세부 조직을 통해 운용되었다. 호프스태터는 당시 경영, 관리, 운영을 조직하는 일에 종사하게 된 새로운 중산층이 이전 시대보다 8배 이상 증가했다고 본다.

조직 경영자와 관리직의 증가는 관료제 사회로의 전환을 의미하기도 했다. 기업 역시 전문 경영인 제도를 채택해 합법적 기업 운영으로 국가의 법체계를 존중하면서 대중의 인정을 받는 시대로 접어들었다. 반독점법을 놓고 정부와 대립하던 일은 이제 과거지사였다.

호프스태터의 컬럼비아대학교 동료였던 찰스 라이트 밀스(Charles Wright Mills)는 역작 ≪화이트칼라(White Collar)≫에서 이 새로운 중산층, 사무직 노동자들의 특성을 날카롭게 분석한다. 밀스에 따르면 화이트칼라는 조직화된 도시의 구성원으로, 20세기의 특징적 존재 양상이었다. 이들은 자유로운 사업가나 개업한 전문가와는 달리 거대 조직의 세포로 존재해, 안정된 삶을 누리면서도 정신적으로 지위불안을 경험했다.

밀스가 보여 주는 화이트칼라의 특성과 한계는 혁신주의자에 대한 호프스태터의 언급을 연상시킨다. 호프스태터에 따르면 중산층의 대표 집단인 혁신주의자들은 자본주의 사회의 틀을 거부하지 않고 그 안에서의 개혁을 추구한 대가를 이중으로 치르게 되었다. 그들은 금권 정치도 피하고 가난도 피하기 위해 안전한 중도의 삶을 선택했다. 그들은 지위불안을 해결하기 위해 체계적 사회 제도를 만들었고, 이 과정을 통해 삶의 모든 영역에서 조직화를 수용하게 되었다.

참고문헌

박진빈(2006). ≪백색국가 건설사≫. 앨피.

찰스 라이트 밀스 지음, 강희경 옮김(1980). ≪화이트 칼라: 신중간계급연구≫. 돌베개.

Hofstadter, R.(1955). *The Age of Reform.* New York: Vintage Books.

Jacobson, M. F.(2000). *Barbarian Virtues: The United States Encounters Foreign Peoples at Home and Abroad, 1876-1917.* New York: Hill and Wang.

Kolko, G.(1977). *The Triumph of Conservatism: A Reinterpretation of American History, 1900-1916.* New York: Free Press.

McGerr, M.(2005). *A Fierce Discontent: The Rise and Fall of the Progressive Movement in America, 1870-1920.* London: Oxford University Press.

Rodgers, D.(2000). *Atlantic Crossings: Social Politics in a Progressive Age.* Cambridge: Belknap Press.

Wiebe, R.(1966). *The Search for Order, 1877-1920.* New York: Hill and Wang.

Zunz, O.(1990). *Making America Corporate, 1870-1920.* Chicago: Chicago University Press.

07
개혁의 시대

제1차 세계대전으로 중단되었던 사회 개혁은 대공황이라는 엄청난 위기를 맞아 새로운 출발의 기회를 얻었다. 뉴딜은 인민주의와 혁신주의의 문제의식을 이어받았지만 그때와 다른 시대적 분위기 속에서 연방정부의 정책으로 실현되었다는 특이점이 있다. 뉴딜은 노동자들의 구매력을 보완해 산업 자본주의가 제대로 작동할 수 있게 한다는 목표를 갖고 국가 제도들을 만들었다. 사회 보장 제도와 노동기본법, 공공 일자리 창출 등으로 미국이 복지 국가 구조를 갖추게 했다. 호프스태터는 뉴딜의 한계를 지적하면서도 그것이 이전과는 다른 사회 구조 문제를 다루었음을 인정하고, 뉴딜을 이끈 지도자 프랭클린 델러노 루스벨트 대통령의 공과를 평가했다.

연속과 단절

시대 구분을 피할 수 없는 역사학에서 연속과 단절은 중요한 주제다. 호프스태터가 자신에게 첫 번째 퓰리처상을 안긴 ≪개혁의 시대≫에서 다룬 인민주의, 혁신주의 그리고 뉴딜은 미국 사회의 역사에서 가장 개혁적이었다고 볼 수 있는 변화의 시기를 대표한다. 이 세 운동은 비단 호프스태터뿐 아니라 역사가들 대부분이 하나의 시대로 묶어 이해해 왔다. 각 지역에서 산업화의 부작용에 대해 문제를 제기하기 시작했고, 이에 대한 정부의 대책을 요구했으며, 그 요구가 정책으로 수용되는 일련의 과정에서 개혁은 연속성을 띠었다.

그러나 ≪개혁의 시대≫에서 호프스태터는 연속성 못지않게 단절성을 이야기한다. 특히 뉴딜은 인민주의·혁신주의와 구별되는 배경과 성격을 지녔다고 주장한다. 이처럼 호프스태터가 뉴딜의 단절성을 지적하는 첫째 이유는 전쟁이 시대적 차이를 만들었기 때문이다. 개혁을 통해 더 나은 미국을 만들겠다는 혁신주의의 열망은 법 제정으로 어느 정도 성과를 거두었지만, 유럽에서 시작된 전쟁의 불길이 바다 건너 미국에까지 휘몰아치면서 개혁은 중단될 위기에 처했다. 결국 미국은 만만찮은 반전 여론을 물리치고 제1차 세계대전에 참전했다. 전쟁은 자원을 군수 용품 생산에 쏠리게 했고, 국론을 애국적 수사로 몰아가 개혁의 동력을 빼앗았다.

혁신주의자들은 전쟁 참여파와 반대파로 나뉘었다. 예컨대 제인 애덤스는 평화주의자였다. 더 나은 사회를 만들고자 하는 혁신주의와 세상을 파괴하는 전쟁은 양립할 수 없다고 믿었으며, 이미 중남미에 대한 미국의 개입 정책에 반대하는 입장을 강하게 드러냈다. 세계 평화와 정의를 위한 애덤스의 꾸준한 노력은 미국 여성 가운데 최초로 노벨 평화상을 수상하는 결과로 나타나기도 했다.

반면 시어도어 루스벨트는 혁신주의자들 가운데 가장 호전적 성향을 보인 지도자로 꼽힌다. 루스벨트는 악을 제거하고 세상을 구하겠다는 사명감에 차 전쟁을 치러야 한다고 믿었다. 당시 대통령이었던 윌슨은 전쟁에 가담하지 않겠다는 약속으로 재선에 성공했지만, 결국 전쟁이 미국뿐 아니라 세상의 민주주의를 지키는 방법이라는 입장으로 기울어 참전을 결정했다.

전쟁이 사회의 전반적 보수화에 기여했을 것이라는 사실은 짐작하기 어렵지 않다. 제1차 세계대전 기간에 미국은 보안법(Espionage Act)과 반역법(Sedition Act)을 제정해 국가의 전쟁 수행에 반대하는 언론과 행위를 엄하게 규제하고 단속했다. 국민을 일치단결시키고 국론을 통일해 전쟁 수행에 한 치의 오차도 없도록 노력했다. 전쟁 관련 일자리는 많아졌지만, 산업 현장에서의 노동 역시 국방의 일환이 되었다. 따라서 작업장에서의 소란이나 작업 지연은 반국가 행위로 여겨져 처벌 대상이 되었다.

미국에서는 적국 출신의 이주민들에 대한 반감이 커져 이민 규제 정책이 강화되었고, 여러 외래 요소에 대한 반감은 금주법 제정까지 가능케 했다. 1919년 미국 내에서 모든 주류의 생산, 유통, 판매를 금지한다는 다소 비현실적인 법이 의회를 통과할 수 있었던 데에는 전쟁으로 과열된 두려움이 한몫했다.

호프스태터는 이 같은 개혁의 역풍이 가장 이상주의적인 담론으로 포장되어 나타난 점에 주목한다. 전쟁 수행과 관련된 정책은 모두 전쟁으로 세상을 정화하기 위한 고결한 행위로 여겨졌다. 미국의 참전은 이타적 행위며 세계 평화와 민주주의를 위한 희생이었다. 이러한 맥락에서 전쟁에도 불구하고 미국사의 신화화가 계속 시도되었다고 할 수 있다.

뉴딜

그러나 참전 전후로 반동적 보수주의의 역습 때문에 다소 느슨해진 개혁 요구는 대공황이라는 시련이 닥치자 새로운 출발의 기회를 얻었다. 대공황은 그 규모와 정도 면에서 이전의 경제 위기보다 훨씬 대단했다. 연쇄적 파산과 실업률의 상승, 완화될 기미가 보이지 않는 스태그플레이션은 문제의 심각성이 개인이나 기업 차원에서 해결할 수 없는 수준임을 분명히 보여 줬다.

뉴딜은 앞서 혁신주의 정책이 있었기 때문에 가능했다. 혁신주의는 이미 정부가 국민 대다수의 안녕과 행복에 관한 문제에 개입한 사례들을 만들었다. 혁신주의와 뉴딜은 국가 기능을 동원해 국민의 요구를 실현하고 국가 경제가 더 잘 작동하도록 보완해야 한다는 믿음에 바탕을 둔다는 공통점이 있었다. 대공황의 위기를 계기로 그러한 정부의 역할론은 다시 탄력을 받았고, 이는 마침내 뉴딜 정책으로 이어졌다. 이처럼 호프스태터는 혁신주의와 뉴딜의 개념·취지가 동질성을 띤다고 보았다. 그럼에도 호프스태터는 뉴딜과 앞선 개혁·혁신 사이 선을 그었다.

호프스태터에 따르면 1901년 미국은 경제 성장 중이었고 그 전 시대보다 풍요로운 상태였지만, 1929년에 이르면 경제의 모든 부분이 제대로 작동하지 않을 만큼 망가져 있었다. 따라서 혁신주의의 개혁이 특권을 없애 자유로운 경쟁 조건을 만드는 데 주목적을 두었다면, 뉴딜은 노동자들이 실제 구매력을 가질 수 있게 하는 직접적 정책을 실시했다는 점에서 "극적으로 새로운 출발"이었다. 이 시기에 노동기본법과 사회 보장 제도가 각각 부족한 점은 있었어도 미국에서 처음 만들어졌다. 국가가 직접 발전소를 짓고 여러 공공사업을 통해 일자리를 만들었으며, 주택을 공급하고 사회적 약자를 위한 연금 제도를 신설했다.

정부가 새로운 재정적 역할을 담당하게 되었다는 것도 뉴딜이 펼쳐 보인 미국 역사의 새로운 국면이었다. 대공황을 기점으로 미국의 전통적 자유방임주의 경제 정책이 케인스주의로 선회했다는 사실은 잘 알려져 있다. 하지만 호프스태터는 1933년부터 시작된 32대 대통령 프랭클린 델러노 루스벨트(Franklin Delano Roosevelt, 이하 FDR로 표기함. 재임 1933~1945) 행정부의 뉴딜이 곧장 케인스주의 정책을 전면적으로 실시한 것은 아니었다고 서술한다. 존 메이너드 케인스(John Maynard Keynes)가 직접 말했듯 미국이 정부 재정 지출을 확고하게 늘린 것은 또 다른 전쟁, 바로 제2차 세계대전이 벌어지고 난 후였다.

미국은 제1차 세계대전 때와 마찬가지로 제2차 세계대

전에서도 중립을 주장하다가 결국 1941년에 참전했다. 참전은 국가의 모든 경제적 능력이 군수품 생산에 집중되도록 했다. 미국은 24년 전 경험을 바탕으로 다시 한번 군수품 생산 라인을 가동하고 물자와 인력 운용을 전쟁 수행에 도움이 되도록 재구성했다. 이렇게 정부가 전쟁에서 전국 차원의 물자 동원을 조정하고 경영한 경험을 참고한 뉴딜은 이전 경험과 연속성을 띠었다.

그럼에도 호프스태터가 뉴딜의 새로운 면을 더 강조한 까닭은 무엇일까? 주요한 이유는 혁신주의에서보다 뉴딜에서 더 큰 구조 변화가 일어났다는 데 있었다. 혁신주의가 미국 경제의 건전성에 대한 믿음을 바탕으로 오점만 바로잡으면 된다는 취지에서 입법을 추구했다면, 뉴딜은 자본주의 그 자체로는 해결되지 않는 문제가 있음을 인정하고 정부가 직접 보완을 위한 제도를 만들어야 한다는 데 입법의 목표를 두었다.

또한 제2차 세계대전을 거치며 만들어진 제도들은 미국에 영구적으로 자리 잡았다는 점이 중요하다. 제1차 세계대전기의 정책들은 대부분 특수한 전시 상황이라는 단서를 달고 시행되었기 때문에 군수품 생산 공장이나 노동자 유치용 주택 단지 등은 전쟁이 끝난 뒤 모두 민간에 매각되었다. 당시만 해도 정부가 시장에 개입하는 것은 옳지 않다는 정서가 강했기 때문이다. 그러나 대공황과 제2차 세계대전의 경험은 정부의 역할이 전시에 한정되지 않게 했다. 국방부가 신설되어 평시에도 군사 관련 사무를 관장했다. 정부는 누진세 정책을 도입해 재정 수입을 늘리고 직접 대국민 사업을 운영하는 등 개입 경제 체제로 전환했다.

FDR은 기회주의자

미국 역사상 FDR만큼 중요한 의미를 지닌 인물은 드물다. 무려 네 차례나 당선한 유일한 대통령이고, 비록 마지막 임기를 다 채우지 못했지만 장장 13년간 미국의 최고 권력자였다. 무엇보다 FDR의 임기 내내 미국은 대공황과 세계대전이라는 역사상 가장 심각한 위기 상황에 놓여 있었다. FDR은 그 위기의 시대에 미국을 이끌었다는 이유로 조지 워싱턴, 에이브러햄 링컨과 더불어 역사가들에게 최고의 평가를 받을 뿐 아니라 대중에게도 인기가 가장 많은 대통령으로 꼽힌다.

뉴딜의 입안자 FDR은 역사 서술과 대중문화에서 뚜렷한 정치·경제적 철학을 지녔던 위대한 지도자로 그려진다. 또한 노동자나 흑인을 위한 정책을 실시한 개혁가이자 전

국민의 지지를 받을 정도로 인간미 넘쳤던 인물로 그려진다. 게다가 성인 소아마비라는 병마와 싸운 극적 생애까지 더해져 FDR을 더욱 신비롭고 대단한 존재로 만들었다.

하지만 호프스태터는 FDR에 대한 미국인의 존경과 사랑 역시 신화화가 낳은 산물의 일종이라고 지적한다. 호프스태터는 FDR의 의정 기록에서 개인 서신까지 면밀히 검토해 FDR이 실은 뚜렷한 정치적 철학이 없었고 때로 의견을 바꿨으며 모호한 언어를 구사했다고 분석했다. 심리적으로 FDR은 유연하고 겁이 없으며 비현실적일 정도로 낙관적인 사람이었다. 호프스태터에 따르면 FDR이 지녔던 것은 철학이 아니라 어떤 기질(temperament)이었다.

호프스태터는 FDR의 성공이 우연적인 것이었으며, 오히려 위기의 시대였기에 그러한 우연이 가능했다고 평가한다. 당시 미국은 전례 없는 상황으로 새로운 실험이 필요했는데, 마침 FDR은 전통이나 공식을 따르지 않고 실험할 수 있는 사람이었다. 호프스태터는 FDR이 쏜 수많은 총알 가운데 몇 개가 과녁을 맞혔을 뿐이라고 매우 신랄하게 평가한다.

심지어 호프스태터는 당시까지 공화당의 지지층이었던 북동부 도시 노동자들을 민주당의 깃발 아래 모은 FDR의 업적도 새로운 관점에서 평가한다. 호프스태터에 따르면 뉴딜의 노동 정책을 비롯한 FDR의 소위 '좌편향' 정책들, 정적들이 공산주의자라고 비난했을 정도의 개혁적 정책들은 신념이 아니라 정치적 판단에 따라 선택된 것이었다. 즉 큰 숙고 없이 선거에서의 승리를 계산한 선택이었다. 따라서 호프스태터는 FDR을 설명하는 핵심어로 "기회주의자"를 선택했다.

호프스태터는 FDR을 둘러싼 신화를 해체했지만 그렇다고 그의 업적을 아예 무시하지는 않았다. 우연일지라도 성공을 거둔 것은 FDR의 역량 덕이었다고 결론짓는 편이 타당하기 때문이다. "두려워해야 할 것은 두려움 그 자체뿐"이라는 FDR의 선명한 메시지는 당시 미국인들에게 신뢰와 희망을 주기에 충분했다. 대통령이 직접 나서서 국민의 행복을 위해 힘쓰고 있다는 인식을 심은 것은 FDR이 아무리 기회주의자였다고 하더라도 분명 해낸 일이기 때문이다.

참고문헌

Brinkley, A.(1995). *The End of Reform: New Deal Liberalism in Recession and War.* New York: Vintage Books.

Hofstadter, R.(1955). *The Age of Reform.* New York: Vintage Books.

Howe, D. W. & Finn, P. E.(1974). Richard Hofstadter: The Ironies of an American Historian. *Pacific History Review, 43*(1).

Kennedy, D.(2001). *Freedom from Fear: The American People in Depression and War, 1929-1945.* Oxford: Oxford University Press.

Leuchtenburg, W.(2009). *Franklin D. Roosevelt and the New Deal: 1932-1940.* New York: Harper Perennial.

08
미국 정치의 편집증적 망상

호프스태터는 사회심리학의 가르침에 크게 영향받았다. 정치인들의 행동을 분석할 때 사회경제적 조건 외 것들, 특히 심리적 요인과 욕망을 주요 연구 대상으로 삼았다. 아울러 사상은 그것이 속한 사회와 위계 그리고 지위에 따라 차이를 나타낸다고 보았다. 호프스태터는 1950년대 매카시즘과 이후 보수 정치 세력의 성장에 큰 관심을 보였고, 그 배경에 편집증적 피해망상이 자리 잡고 있었다고 결론짓는다. 이들은 음모론과 과장법으로 적대 대상에 대한 피해망상을 키워 정치적 결정의 근거로 삼았다. 호프스태터는 이 같은 반지성적 가짜 보수주의가 폭력적 극우파로 변형되고 발전하는 세태의 위험성을 경고했다.

사회심리학

호프스태터는 미국 역사에 대한 몇몇 전형적 믿음을 깨뜨리기 위해 다른 학문 분야에 더 익숙한 개념들을 차용했다. 예컨대 '역설', '모순', '신화', '민속 문화', '음모론' 등은 인류학과 문화 이론의 개념어들이다. 또한 호프스태터는 정치적 인물들을 분석할 때 개인의 심리와 정신 상태가 그들의 결정에 어떤 영향을 미쳤는지를 중요하게 다루었다.

예를 들어 호프스태터는 시어도어 루스벨트가 보인 호전적·돌발적 행동의 원인을 분석하면서 그의 글에 "남자답게(manly)"와 "대인배다운(masterful)"이라는 단어가 가장 빈번히 등장한다는 사실에 주목했다. 이 같은 언어 사용은 루스벨트가 타인 위에 군림하고 자신을 드러내려는 욕망을 끊임없이 표출했음을 보여 준다. 호프스태터는 그러한 개인적 동기가 공직자로서 루스벨트의 결정에도 영향을 미쳤고, 어렵지 않게 제국주의적 충동으로 발전했다고 주장했다.

호프스태터는 지크문트 프로이트(Sigmund Freud)나 알프레트 아들러(Alfred Adler) 등의 심리학자들을 참고하기도 했지만, 테오도어 아도르노(Theodor Adorno)와 카를 만하임(Karl Mannheim) 같은 프랑크푸르트학파(Frankfurt

School) 학자들에게 크게 영향받았다. 이들은 정치적 동기를 설명할 때 사회경제적 조건 외 것들, 특히 심리적 요소에 주목했다는 공통점이 있다.

호프스태터는 한때 청년공산당에 가입하기도 했지만, 교조적 이데올로기를 강요하는 공산주의나 사회주의에 동의할 수 없었다. 즉 사회경제적 지위가 계급을 결정하고 사람들이 그에 따라 계급 행동을 한다는 정통 마르크스주의 사상과 거리를 두었다. 그 대신 어떤 개인이나 집단의 사상은 사회적 위계 속 지위 변화에 따라 그 방향이 결정된다는 만하임의 개념에 동의했다.

호프스태터는 미국사에서 경제적 합리성으로 설명할 수 없는 역사적 사건의 대표적 예로 스페인과의 전쟁과 필리핀 점령을 들었다. 모순적이게도 스페인과의 전쟁 과정에서 이득을 볼 미국 경제계 지도자들은 전쟁에 반대한 반면, 전쟁을 지지한 맹목적 애국주의자들은 전쟁에 아무런 경제적 이익이 걸려 있지 않았다. 호프스태터는 합리적으로 설명할 수 없는 이러한 영역을 이해하는 데 사회심리학의 도움을 받았다.

호프스태터는 전쟁으로 휘몰아친 국민의 열정이 당시 미국 사회의 심리적 위기에 기인했다고 평가한다. 급격한 사회 변화와 프런티어의 종료는 미국인들 사이에 일종의 심리적 위기감을 조성했으며 불투명한 미래에 대한 불안감을 퍼뜨렸다. 호프스태터에 따르면 전쟁은 이 위기를 극복하기 위한 전략으로 선택된 것이었기 때문에 그 원인을 이성적 설명만으로는 풀어낼 수 없었다.

인민주의에서 경제적 결과가 확실치 않음에도 은화 주조 운동을 선택한 것과, 혁신주의가 개혁을 말하면서도 계급 간 단결보다 인종 간 반목으로 기울었던 것은 바로 급격한 사회 변화와 그에 따른 지위불안에 심리적 위안을 찾으려 한 결과라고 할 수 있다. 이처럼 호프스태터는 미국이라는 국가 전체 또는 서부의 지역적 심성이나 정체성을 분석했던 것과 마찬가지로 사회 집단이 행한 정치적 선택의 원인을 분석하는 데 사회심리학적 개념 틀을 사용했다.

편집증적 피해망상

피해망상(paranoid)은 호프스태터가 극우파의 성장을 역사적으로 분석하는 데 사용한 심리학 용어다. 편집증, 피해망상 혹은 망상장애로 번역되는 이 용어는 아무런 근거 없이 상대방이 적의를 숨기고 있으며 자신에게 피해를 주려 한다고 믿는 증세를 가리킨다. 호프스태터에 따르면 피해망상은 음모론, 비이성적 의심, 공상과 과장 등의 특징을 띠며 일부 미국인에게서 나타나는 정치적 성향을 잘 설명해 준다.

호프스태터가 미국 정치사 서술에서 피해망상을 핵심어로 사용하게 된 계기는 1950년대 미국 사회를 휩쓴 매카시즘이었다. 반공주의가 고조되던 시대적 분위기를 타고 공산주의자들을 색출하려는 대대적 열풍이 불었다. 평소 사회 개혁 운동이나 노동 운동에 가담했던 진보 인사들이 공산주의자로 매도당했고, 혐의자로 지목된 이들은 사상 검열과 공적·사적 불이익을 당하는 등 기본권 침해가 자행되었다.

매카시즘은 일종의 히스테리처럼 사회 전반을 휩쓸었다. 일반 국민들의 공산주의에 대한 막연한 공포와 혐오를 자극했고, 공산주의자들을 축출하는 운동에 동참하지 않는 것만으로 의심의 대상이 되게 했다. 이러한 사회 현상을 목도한 호프스태터는 매카시즘이 정상적 보수주의와는 다른 극단적이고 과도한 우파 정치라고 보고, 그것을 "가짜 보수주의 혁명"으로 규정했다.

호프스태터는 이처럼 비합리적인 가짜 보수주의가 판치게 된 원인 역시 지위불안이라고 주장했다. 가짜 보수주의자들은 뉴딜 진보주의가 약진하자 그것이 공산화의 준

비된 길이라는 억측과 음모론을 발전시켰다. 근거 없는 불안과 공포가 마침내 피해망상으로 진화해 뉴딜을 포함한 20세기 전반기의 사회 개혁이 전체적으로 역풍을 맞았다. 가짜 보수주의는 자신들과 다른 정치적 견해와는 타협이나 논쟁조차 필요치 않다는 폐쇄적 태도로 미국의 민주적 전통을 송두리째 부정했다.

매카시즘에 대한 관찰은 미국 역사상 그와 유사한 피해망상적 정치 운동이 있었는지 살피게 했는데, 호프스태터가 찾아낸 사례는 이른바 '무지당(Know-nothing Party)'으로 알려진 집단이었다. 반가톨릭과 반이민 외에 별다른 건설적 목표가 없었던 이 조직은 음모론에 기반을 두고 모든 구성원과 활동을 비밀에 부쳤다. 호프스태터는 정당의 명칭과 신념을 묻는 이들에게 "모른다"라는 답변만 했던 이 이상한 정치 집단에게서 시대 변화에 공포를 느낀 농촌 앵글로·색슨 개신교도들의 반사회적 피해망상을 감지했다.

피해망상적 정치는 반대 세력에 대한 혐오와 공포를 증폭해 자신과 반대파의 대립은 그저 의견 차이가 아니라 선악의 싸움이라고 주장한다. 반대파는 사악하고 반문명적이며 반미국적이기 때문에 척결하고 몰아내야 한다고 주장하며, 그러한 운동을 하는 자신은 정의를 지키는 의로운 존재로 포장한다.

호프스태터는 역사를 더 거슬러 올라가 미국 최초의 제3당인 반메이슨당(Anti-Masonic Party)의 등장을 피해망상 정치 집단의 시작점으로 파악했다. 반메이슨당은 오직 프리메이슨(Freemason)에 반대하는 것만을 유일한 존재 이유로 내세웠던 정당으로, 19세기 중반까지 활동했다. 이들은 프리메이슨이 소수의 부유한 기업인과 정치인의 단체로서 비밀리에 정부를 장악해 권력을 독점하려 한다고 의심했다. 프리메이슨은 반기독교적이며 공화주의를 훼손할 것이라는 위기의식이 반메이슨당을 하나의 정치 집단으로 구성하는 결정적 요인이었다.

매카시즘, 무지당 그리고 반메이슨당은 모두 합리적 근거에 따른 이성적 판단이 아니라 사회 변화에 대한 막연한 공포를 토대로 정치적 행동을 선택했다는 공통점을 지닌다. 호프스태터는 이들이 반지성적이고 반엘리트주의적이었다는 점에서 인민주의나 KKK와 일맥상통하는 문제점을 나타냈다고 보았다. 서로 동일시할 수는 없지만 공통적으로 미국 정치사상의 흐름에 존재하는 피해망상적 태도를 드러냈다는 것이다.

골드워터라는 정치적 상징

때때로 지엽적이고 일시적인 정치 운동 세력으로 나타났던 피해망상적 가짜 보수주의 극우파는 1964년 대선에서 마침내 전국 차원의 조직으로 등장했다. 이 선거에서 공화당의 대통령 후보로 선택된 배리 골드워터(Barry Goldwater)가 바로 그 핵심 인물이었다. 호프스태터는 선거 전후 여러 지면에서 골드워터의 후보 지명이 상징하는 미국 정치의 문제에 신랄한 비판을 가했다.

복지 제도를 공산주의로 매도했고, 친기업 부자 감세 정책을 개인의 자유와 재산권 개념으로 설명했으며, 흑인 인권과 평등에 반대했던 골드워터는 공화당이 강경 극우파 정치 논리로 기우는 데 결정적 역할을 한 정치인이었다. 골드워터는 공산주의에 대한 봉쇄 정책조차 나약한 타협이라고 보았고, 소련에 대한 완전한 승리만이 미국이 추구해야 할 외교 정책이라고 주장했다.

골드워터는 대선 후보 결정을 위한 전당 대회에서 "자유를 수호하기 위한 극단주의는 악이 아니며, 정의를 추구하는 데에 절제하는 것은 선이 아니다"라고 연설했다. 선거 유세 시 베트남에서의 핵무기 사용과 소련과의 핵전쟁에 대한 언급도 서슴지 않았다. 결국 큰 득표수 차이로 대선에서 패배했지만, 골드워터는 전통적으로 민주당을 지지하던 남부를 보수주의로 묶어 공화당 지지 세력으로 넘어오게 했다는 사실 때문에 미국 정치사에서 중요한 의미를 지닌 인물이다.

남부에서 선전한 골드워터에 고무된 공화당은 1968년 선거부터 전면적으로 '남부 전략'을 성공시켰으며, 이후 오늘날까지 남부는 공화당의 표밭이 되었다. 또한 당시에는 지나치게 극단적이어서 공화당 내부에서도 지지받지 못한 일방주의적 외교 정책이나 반민권·반복지 정책 등은 이제 공화당의 정체성과 동일시되고 있다.

호프스태터는 퓰리처상을 두 번이나 수상했을 정도로 당대에 높은 평가를 받았을 뿐 아니라, 그 이후로 반세기가 지나도록 미국 사회를 비평하거나 정치인을 평가할 때면 늘 불려 나오는 저자였다. 2000년대 들어 극우파 사회 운동이 준동하면서 미국 정치사상의 편집증적 보수주의를 비판한 호프스태터의 저서들은 새삼 더 큰 관심을 받게 되었다.

44대 대통령 버락 오바마(Barack Obama, 재임 2009~2017) 행정부의 전 국민 의료 보험 추진에 반대해 2009년 전면적으로 등장한 티파티(Tea Party) 운동은 그 외에도 복지 정책 전반에 불만을 표출하고 인종 평등에 대해 비판적인 극우 집단이다. 티파티 운동의 주장에서 반지성주의와 혐오 정치 그리고 피해망상의 면모를 발견한 평론가들은 호프스태터를 언급했다.

티파티 운동을 지나 등장한 45대 대통령 도널드 트럼프(Donald Trump, 재임 2017~2021)라는 정치인 역시 호프스태터가 봤다면 피해망상적 가짜 보수주의의 화신이라 했을 법한 인물이다. 트럼프는 갑자기 등장한 예외적 인물이 아니라 21세기에 재등장한 골드워터, 즉 경제 위기가 발생할 때면 그것이 특정 세력의 음모라고 주장하며 공포와 증오를 이용해 권력을 잡는 정치인으로 봐야 할 것이다.

골드워터는 정부의 입법 활동이나 합법적 의정 활동, 심지어 연방대법원의 사법 심사 기능마저 신뢰하지 않았다. 따라서 자신이 반대하는 사항에 대해서는 법원의 명령에도 복종하지 않겠다는 태도를 보였다. 그저 말뿐이었던 골드워터와 달리 그의 정치적 후손이라 일컬을 만한 트럼프는 불복종을 실제 행동으로 옮기기까지 했다.

2020년 재선에 실패한 트럼프는 선거 결과를 인정하지 않고 부정 선거 음모론을 내세워 불복을 선언했으며 지지자들에게 시위에 나설 것을 독려했다. 대통령이 헌정 질서를 무시하고 폭동을 조장하는 초유의 사태가 벌어진 것이다. 트럼프의 호출을 받고 미국 국회의사당에 무장 난입해 폭력을 행사했던 지지자들은 호프스태터가 묘사한 편집증적 극우파의 극단적 사례였다.

참고문헌

김정욱(2016). "과거에서 길을 묻다: 1964, 1972 대선을 통해 본 2016 미 대선과 민중주의". ≪역사비평≫, 117호, 역사비평사.

Hofstadter, R.(1948). *The American Political Tradition and the Men Who Made It.* New York: Alfred Knopf, Inc.

Hofstadter, R.(1964). A Long View: Goldwater in History. *The New York Review*, October Issue.

Hofstadter, R.(1965). *The Paranoid Style in American Politics.* New York: Vintage Books.

Schrecker, E.(1999). *Many Are the Crimes: McCarthyism in America.* Princeton: Princeton University Press.

09
지식인 개혁가

반지성주의, 편집증적 피해망상, 음모론, 모순과 역설로 점철된 미국 역사에 희망이 있을까? 호프스태터의 신랄한 비판에 따르면 미국은 올바른 길을 선택한 적이 거의 없고, 부당한 세력이 승리해 왔다. 우리는 정의로움이나 공공선 같은 공화국의 이상에서 너무 멀어진 암울한 초상을 직면한다. 하지만 그럼에도 호프스태터는 일말의 희망을 이야기했다. 사회 개혁 의지를 실천한 지식인들이 미국을 이끌었던 드문 과거를 언급했다. 건국기가 그러했고 뉴딜이 그러했다. 호프스태터는 현대 지식인들이 냉소적 태도를 버리고 결속과 연대의 노력으로 다시 정치로 복귀한다면 미국에도 희망이 있다고 말한다.

미국은 지식인에 의해 건국되었다

미국사를 지성주의와 반지성주의 사이 대결의 역사로 간주한다면, 호프스태터는 그중 지성주의를 대표하는 집단으로 우선 미국 건국을 이끌었던 지도자들을 꼽았다. 호프스태터에 따르면 국가로서 미국이 시작된 시절에는 지성이 곧 권력이었고 정치는 지식인들이 주도했다. 귀족적인 엘리트 집단이 인문적이고 고전적인 교양과 역사, 정치사상, 법률에 대한 지식을 갖추고 지배 계급을 형성했다.

독립선언서를 기초하고 그것에 서명한 건국의 아버지 벤저민 프랭클린(Benjamin Franklin)은 뛰어난 저술가로 활동하며 신문 발행과 출판 사업을 했고, 교육자·정치사상가·외교관으로 활약한 전형적 팔방미인이었다. 연을 날려 전기 실험을 했다는 잘 알려진 일화와 '프랭클린 다이어리'라는 효율적 시간 관리 상품에 남겨진 그의 이름은 발명가이자 과학자로서 면모까지 가늠케 한다.

독립선언서 작성에 참여했고 미연방 초대 부통령을 지낸 데 이어 2대 대통령에 취임한 존 애덤스는 하버드대학교를 졸업하고 변호사로 활동하다가 정치에 입문했으며, 그의 아들 존 퀸시 애덤스(John Quincy Adams, 재임 1825～1829) 역시 미국의 6대 대통령으로 선출되었다. 4대 대통령 제임스 매디슨 또한 명문 대학에서 고전과 정치철학을 수학한 인물이었다. 연방정부 건설과 헌법 제정에 크게 기여해 "헌법의 아버지"로 불리기도 한다.

이처럼 건국을 주도한 사람들 대부분은 재력이 풍부한 명문가 출신이었으며, 어려서부터 다양한 학문을 섭렵하고 외국에서 머무르며 역사와 사회를 보는 시야를 넓혔다. 호프스태터는 이들이 서양 사회가 고대 이래 만들어 온 제도와 정치 체제를 깊이 있게 공부해 새로운 국가 체계를 발명해 냈다는 점에서 미국은 지식인들에 의해 건국되었다고 말한다.

그러나 호프스태터는 미국이 지식인에 의해 건국되었다는 사실이 일종의 아이러니라고 말하기도 한다. 왜냐하면 건국 직후부터 지식인들은 반지성의 공격 대상이 되었기 때문이다. 호프스태터는 철학에 조예가 깊다는 점이 소심하고 변덕스럽다는 비난거리가 되어 가는 모습을, 지성적 태도가 추상적이고 실천력이 떨어진다는 약점으로 비하되는 과정을 보여 주면서 건국의 아버지들에게 가해진 비판들을 열거했다.

건국의 아버지들 중에서도 가장 뛰어난 문필가이자 정치사상가로 꼽히는 3대 대통령 토머스 제퍼슨에 대한 헐뜯음은 상식을 초월했다. 사람들은 제퍼슨이 프랑스 대사로 부임했던 친프랑스 인사라는 이유로 나폴레옹처럼 독재자가 되려 한다고 말하거나, 책을 많이 읽고 글을 잘 쓰기 때문에 너무 형이상학적이라서 효율적 정치인이 될 수 없다고 주장하거나, 이신론자이자 종교적 자유를 주장했으므로 위험한 존재라고 비난을 퍼부었다.

제퍼슨을 비롯한 건국의 아버지들을 비난한 사람들은 지식인과 유산 계급에 대한 의심의 늪에 빠져 있었다. 학식과 여가 시간이 있는 이 전문가 집단은 이기적이며 자신들끼리만 정보를 교환하고 의사소통할 것이라는 근거 없는 믿음이 쉽게 유통되었다. 따라서 지식이 없는 보통 사람들은 이들에게 기만당할 수밖에 없다는 것이었다.

그러나 건국의 아버지들이 만들려 한 국가는 공익을 중시하고 공동체의 존속을 목표로 삼는 공화국이었다. 즉 성문법 체계에 토대한 법치 국가와 권력 분립 체제를 지구상에 처음 실현시킬 민주주의 국가였다.

지식인 개혁가는 누구인가

건국 이후 지식인 엘리트는 반지성주의에 밀려났지만 국가를 바로잡을 기회를 완전히 잃어버린 것은 아니었다. 호프스태터는 19세기 말 도덕적·지적 차원에서 건국 세력의 후계자이자 정치와 국가에 대한 풍부한 지식을 갖춘 품위 있는 개혁가 세력이 등장했다고 보았다. 이들은 주로 거대 상인이나 제조업자, 변호사, 성직자, 의사, 교육자, 편집인, 저널리스트, 출판업자 등의 아들로서 선대의 업을 이었다. 대부분 대학을 졸업했고 전문가 자격증을 소지했다.

지식인은 대중에게 조롱당하고 의심받으며 정치에서 멀어져 있었지만, 혁신주의의 부상에 힘입어 부패한 사회의 개혁을 꿈꾸고 그에 참여할 기회를 맞았다. 그러나 지위 불안으로 얼룩진 혁신주의하에서는 한계를 경험할 수밖에 없었다. 마침내 지식인들이 다시 중앙 정부를 주도해 나가게 된 계기는 뉴딜 초기에 두각을 나타낸 두뇌위원회(Brain Trust)였다. 두뇌위원회는 FDR에 의해 발탁된 지식인 출신 행정가 집단을 일컫는다.

그중 경제학 교수로 있던 렉스퍼드 가이 터그웰(Rexford Guy Tugwell)은 농무부 차관으로 지명되었다. 터그웰은 자유방임주의 경제가 대공황을 초래했다고 보고 국가에 의한 조절이 필요하다는 입장을 표명했다. 특히 대공황에 가장 큰 피해를 입은 농촌의 문제에 천착했다. 터그웰이 내놓은 해결책은 정부에서 전국 농산물 생산량을 조절하고 가격을 안정시키는 계획을 수립하겠다는 것이었다. 행정부에 합류한 터그웰은 뉴딜의 농촌 대책을 맡아 정책을 수립하고 실행에 옮겼으며, 농민들에게 새로운 주거지를 제공해 그들이 재정착할 수 있도록 힘썼다.

국가가 경제 계획을 수립하고 농민들에게 정착지를 배정한다는 정책은 당시 미국 실정에 매우 실험적이었고, 심지어 지나치게 급진적인 것으로 여겨졌다. 이 때문에 터그웰은 공산당과 연관된 적이 없음에도 "빨갱이 렉스"라는 별명을 얻었고, 공화당은 물론 민주당의 비난에 시달렸으며, 결국 정부에 참여한 지 3년 만에 사임하고 떠나야 했다.

네 차례 연임한 FDR의 세 번째 임기에 러닝메이트로 나선 헨리 월리스(Henry Wallace)는 부통령이 되기 전 농무부 장관을, 부통령직에서 내려온 뒤 상무부 장관을 맡은 인물이다. 월리스는 터그웰과 함께 농촌 안정 정책을 이끌었고, 토지 개선법이나 소작농 대출 정책 등을 만들었다. 부통령으로서는 제2차 세계대전기 미국의 생산과 재정을 조율하고 운영하는 업무를 맡았고, 건강이 악화한 대통령을 대신해 외국의 협조를 이끌어 내는 역할을 활발히 수행했다. 개혁적이고 진보적인 성향을 띠었던 월리스는 소련과도 조력 관계를 수립하기 위해 애썼다.

그러나 월리스는 FDR의 마지막 임기에 부통령으로 간택되지 못했고, 임기를 시작한 지 2개월 만에 사망한 FDR

의 대통령직을 승계한 이는 해리 트루먼(Harry Truman, 재임 1945~1953)이었다. 노회한 정치인 FDR과 달랐고 진보적 행정 전문가 월리스와도 달랐던 트루먼은 원자 폭탄이라는 획기적 방법으로 전쟁을 끝냈으며 소련과의 적대 관계를 시작했다.

호프스태터는 냉전이 다시 움트던 미국의 지성을 마비시킨 결정적 사건이었다고 평가한다. 터그웰이나 월리스 같은 학자 출신 행정가들, 경제 전문가이자 진보적 지식인인 정치인들의 시대는 힘의 논리가 앞서는 냉전 시대에 자리를 내주었다.

지식인에게 희망은 있는가

미국 역사를 반지성주의의 승리로 그린 호프스태터의 관찰을 수용한다면 지식인에게 희망이 있다고 생각하기 어렵다. 하지만 호프스태터에 따르면 반지성주의의 성공은 그것이 잘해서라기보다 지성주의가 놓친 것이 많았기 때문에 가능했다. 따라서 호프스태터는 지성주의를 회복하면 지금까지와 다른 미국을 만들 수 있다고 믿는다.

호프스태터에 따르면 지식인들은 반지성적 분위기로

치우쳐 가는 사회 현실에 경멸을 느꼈고 이에 맞서 싸우기보다는 그러한 세태로부터 스스로를 소외시켰다. 세련되고 고상한 척하며 대중의 욕구를 모르는 체하고, 스스로 정치와 사회에 참여하길 포기하고 멀어져 버렸다는 것이다. 변혁기를 주도해 나갔어야 할 지식인들은 "지성을 활용하는 기쁨보다 지성을 소유했다는 자부심이 더 컸"기에 정치를 멀리했다.

따라서 호프스태터는 다시 지성이 다스리는 국가를 만들려면 지식인이 정치로 돌아와야 한다고 말한다. 지식인의 사회 참여는 곧 권력과 지식의 결합을 의미한다. 일반 지식인들은 제도화된 지식인들, 즉 정치에 참여하는 지식인을 비난해서는 안 된다. 한편 정치에 참여하는 지식인들은 권력에 참여하지 않는 더 큰 지식인 공동체와 연대감을 유지해야 한다. 이로써 지식인들은 반지성주의의 범람에 무기력해지지 않고 정치로부터 스스로를 소외시키지 않을 수 있다.

호프스태터가 희망을 말하는 또 다른 영역은 교육이다. 호프스태터는 그동안 교육이 미국에서 반지성주의를 막는 방패가 되지 못했던 데에는 여러 이유가 있다고 분석한다. 우선 교육이 경제 향상의 도구로 이용되면서 공공선에 대한 교육이 간과되었다. 교양 교육보다 실용 교육에 초점이 맞춰졌고, 지혜를 기르는 일보다 착한 사람이 되는 데 중점을 두었다. 교육이 지성을 무시했다는 것이다.

아울러 호프스태터는 준비되지 않은 채 이루어진 무상 교육의 전면 확대가 교육의 질을 낮추고 교사의 위상을 하락시켰다고 분석했다. 전통적으로 미국에서 교사들은 다른 전문직에 비해 보수나 평가가 낮고, 다른 나라의 교사들에 비해서도 낮다. 교사들이 사회적으로 우대받거나 인정받지 못하기 때문에 이들에게 교육에 대한 열정을 요구하기가 어렵다는 것이다.

한편 미국 사회에서 실용주의 철학과 19세기 말 대두했던 아동관을 접목한 존 듀이(John Dewey)의 교육관이 오용되었다는 문제도 있다. 민주주의와 자발성을 지나치게 강조한 그 교육관은 공화정의 원리보다 자유방임을 지향해 반지성적 태도를 부추겼기 때문이다.

호프스태터는 교육에서 이러한 문제들을 개선하고, 지식인 공동체의 결속과 연대를 추구한다면 미국 사회에서 다시 지식인에 의한 정치를 열 수 있을 것이라며 일말의 희망을 이야기했다.

참고문헌

리처드 호프스태터 지음, 유강은 옮김(2017). ≪미국의 반지성주의≫. 교유서가.

올리버 스톤·피터 커즈닉 지음, 이광일 옮김(2015). ≪아무도 말하지 않는 미국현대사 I≫. 들녘.

De Simone, D.(2001). Consequences of Democratizing Knowledge: Reconsidering Richard Hofstadter and the History of Education. *The History Teacher, 34*(3).

Offner, A.(2002). *Another Such Victory: President Truman and the Cold War, 1945-1953*. Stanford: Stanford University Press.

10
합의에 대한 반대

1970년, 54세라는 이른 나이에 백혈병으로 세상을 떠나기 직전까지 호프스태터는 급변하는 미국 사회의 여러 문제에 대한 논평을 게을리하지 않았다. 민권 운동과 반전 운동으로 점철된 1960년대 미국에서, 뉴욕 컬럼비아대학교 교수로서 지식인 개혁가의 의무를 지켜 나갔다. 사회 개혁 세력의 지지자로서, 강단에 선 선생으로서 다음 세대 지식인들의 버팀목이 되었다. 호프스태터는 미국 역사가 주요 정치 세력들의 합의 구조에 의해 만들어져 왔다고 봤다는 점에서 흔히 합의 사학자로 분류되었다. 그러나 바로 그 합의 구조가 미국사의 모순이었다고 비판한 호프스태터에게 합의의 이름을 씌우는 것은 옳지 않은 일이다.

68혁명

1930년대는 대공황의 위기로 인해 자본주의에 대한 회의가 최고조에 달했던 때였다. 뉴딜의 사회적 메시지로 격앙된 분위기 속에서 좌파 지식인들의 활동도 활발해졌다. 1916년생인 호프스태터는 청소년기에 뉴딜과 마르크스주의를 접했고, 자신보다 더 급진적이었던 여인과 교제 끝에 결혼했으며, 그 가족과 가깝게 교류하며 공산당에 가입했다. 당시 드물지 않았던 뉴욕의 유대인 지식인 커플이 택한 좌파의 길이었다.

그러나 호프스태터의 공산당원 경력은 1년도 채우지 못하고 종료되었다. 1939년 나치-소비에트 협약에 충격받은 호프스태터는 현실 세계의 사회주의에 환멸을 느꼈다. 그렇게 공산당을 떠났고, 다시는 뒤돌아보지 않았다. 혁신주의나 뉴딜의 한계에 대해 비판적 시각을 견지한 것도 좌파를 포함한 모든 정치 세력의 잠재적 보수성에 민감했기 때문일 것이다.

호프스태터는 1968년 재직하던 컬럼비아대학교 졸업식에서 축사를 했다. 반공주의와 보수주의가 판치던 1950년대를 지나 미국 사회에서는 그때까지 억눌려 있던 소외 계층의 권리를 보장해 달라는 사회적 운동이 활성화했다.

1968년은 그 운동이 어느 정도 성과를 보이는 동시에 그에 대한 반작용으로 보수적 반동의 움직임도 활발해져 양측 간의 갈등과 충돌이 격해지던 해였다. 그해 봄, 전 세계적인 대학생 시위에 발맞춰 컬럼비아대학교에서도 대대적 시위가 벌어졌다. 베트남 전쟁에서의 철수를 요구하는 반전 운동과 학내 인종 분리 철폐를 주장하는 시위대가 교내 시설을 점거하고 농성하다가 경찰에 의해 폭압적으로 해체되었다. 그 직후에 열린 졸업식이었으니 축사의 연사로 나선 호프스태터에게 쏠린 관심은 여느 해와는 달랐다.

그런데 호프스태터는 축사에서 대학이 정치적 반대자들을 보호하는 처소라고 이야기했다. "안전하고 확립된 것뿐 아니라 어렵고 논쟁적인 것, 가장 어려운 문제들, 즉 정치와 전쟁, 섹스와 도덕 그리고 재산권이나 애국 등에 대해서도 연구하고 의문을 제기할 수 있는 기관이 필요하다는 사상에 대한 우리의 헌신을 표시"하는 곳이라 설명했다.

시위대의 정당성은 인정하되 점거 농성은 지지하지 않는 것으로 받아들여진 이 축사는 신좌파 운동권에게 냉소의 대상이 되었다. 모든 기존 사회 시스템과 기성세대를 불신하던 신좌파는 호프스태터의 말이 권력에 빌붙은 권위적 교육 기관을 옹호하는 연막작전이라고 생각했다. 일부 학생들은 권력과 타협했다며 호프스태터를 비웃기도 했다.

하지만 호프스태터가 가장 강조한 것은 대학이 어떠한 환경 속에서도 저항의 공간으로 열려 있어야 한다는 점이었다. 실제로 호프스태터는 컬럼비아대학교에서 학문적 저항의 선봉에 서 있었다. 호프스태터가 당시 지도했던 대학원생들 중에는 그 다음 세대 흑인의 역사, 노동사, 여성사를 선도할 미국사의 거목들, 허버트 거트먼(Herbert Gutman), 에릭 포너(Eric Foner), 로런스 러빈(Lawrence Levine), 린다 커버(Linda Kerber) 등이 있었다.

이들은 자신이 학교 수업뿐 아니라 종종 시내의 선생님 댁에 들러 나누던 치열한 학담을 통해 지식인으로 성장했다고 증언한다. 이들은 정치적 의무와 공적 삶으로서 역사적 글쓰기를 소중히 여기라던 스승의 가르침을 기억한다. 급변하던 시대에 운동으로서 학문, 개혁가로서 지식인의 삶을 어떻게 실천해야 하는지 배운 것이다.

총기 문화

54세에 세상을 떠난 호프스태터의 마지막 글은 대중 잡지에 게재한, 미국의 총기 문화에 대한 비평이었다. 호프스태터는 미국이 현대적이고 산업화·도시화가 진행된 전 세계 국가들 가운데 총기 문화를 유지하기를 고집하는 유일한 국가라고 지적했다. 다수 인구가 합법적으로 온갖 종류의 총기를 소지하고 있으며, 총기를 소지할 권리가 각종 살인, 암살, 정치적 테러를 조장하는데도 총기 규제에 가장 소극적인 국가가 미국이라고 꼬집었다.

호프스태터는 무기를 소지할 권리가 개인의 생명권과 민주주의를 수호하기 위한 가장 좋은 방법이라는 미국인들의 주장은 근거 없는 고집일 뿐이라고 일갈했다. 미국 역사에서 전쟁보다 많은 생명을 앗아간 것은 총기를 이용한 살인과 자살 그리고 사고였다고 지적했다. 그럼에도 총기 소지를 권리라고 말하는 것은 웃음거리, 그러나 웃을 수 없는 치명적 결과를 초래하는 어리석음이라고 썼다.

그렇다면 왜 다른 문제에 대해서는 지적인 사람들조차 총기 문화 유지에는 완고한 것일까. 미국이 거친 환경과 원주민을 정복해야 했던 식민지 시기, 전쟁을 통해 영국으로부터 독립해야 했던 혁명기를 거쳐 만들어진 국가이기 때문일까? 그렇다면 왜 원주민은 이미 모두 무력화된 지 오래고 어느 국가보다 강대국이 된 지금까지 미국은 국민 개인의 총기 소지를 유지해야 할까?

호프스태터는 이를 미국 국민들이 지속적으로 총기 문화에 익숙해지도록 길들여진 탓이라고 보았다. 즉 서부 정복 시대와 혁명기에는 실제로 필요했을지 몰라도 그 이후로는 사실상 불필요함에도, 서부 시대를 낭만적으로 묘사하고 자신을 카우보이나 보안관과 동일시하는 정서가 만들어져 왔다는 것이다. 여러 지역의 미국인들은 다양한 레저·엔터테인먼트 영역에서 어려서부터 사냥과 총검술을 즐긴다. 이러한 경험은 총기에 대한 거부감을 자연스럽게 없앨 뿐 아니라, 총기 사용이 미국의 전형적 특성으로 여겨지게 했다.

그 결과는 전시 상황이 아닌 국가로서는 유례없는, 높은 총기 사망률이라는 불명예로 나타난다. 콜럼바인고등학교, 버지니아공대, 샌디훅초등학교가 각각 1999년, 2007년, 2012년에 대규모 총기 난사 사건으로 세상을 놀라게 했지만, 그와 유사한 사건이 너무도 빈번히 발생하는 탓에 이제는 새삼스럽게 여겨지지도 않는 실정이다.

미국의 총기 사고는 개인에 의해 자행되는 난사 사고의 수준을 넘어섰다. 1995년 4월 19일 오클라호마시티의 연방정부청사에 가해진 폭탄 테러는 현장에서 168명을 죽이고 680명에게 부상을 입혔다. 각종 폭발물을 실은 트럭을 청사 앞에서 폭파시킨 테러의 주범 티머시 맥베이(Timothy McVeigh)는 2년 전 텍사스주 웨이코시에서 연방군에 대항하다 몰살된 무장 종교 집단 사건에 대한 분노로 테러를 저질렀다.

맥베이 그리고 웨이코의 이른바 '다윗교' 등은 미국 각지에 산발적으로 존재하는 준군사적(paramilitary) 공동체 집단의 대표적 사례다. 이들은 민병대 운동을 열성적으로 지지하며, 이를 막거나 제한하려는 정부의 공권력을 인정하지 않는다. 이들은 정부를 불신하고, 스스로의 권리를 지킬 방법으로 무장을 선택했으며, 언제든 필요하다면 정부에 대항해 그 무력을 사용해도 좋다고 믿는다.

2021년 미국 국회의사당 점거 폭동에 등장해 큰 충격을 안긴 무장 난동 세력은 바로 그러한 준군사적 집단들이다. 이들은 필요시 무력을 행사하기 위해 집단 군사 훈련과 총검술 수련을 하고, 미국 주류 사회와 격리된 장소에서 군대와 유사한 공동체 생활을 해 나간다.

이들이 극단적인 무장·준군사적 활동의 법적 근거로 내세우는 것은 미국 헌법 수정조항 제2조에 보장된 총기 소지에 관한 권리다. "잘 통제된 민병대는 자유 국가의 안보를 위해 필요하기 때문에, 무기를 유지하고 소지할 인민의 권리는 침해되어서는 안 된다." 부당한 권력으로 식민지인들의 권리를 침해했던 영국 왕을 향해 무기를 든 혁명으로 만들어진 국가에서 제정된 법이었다.

호프스태터는 헌법 수정조항 제2조를 인정하면서도, 그

것은 개개인이 무기를 보유하고 소지해도 좋다는 점에 역점을 둔 내용이 아니라고 역설한다. 호프스태터에 따르면 이 법의 취지는 “잘 통제된 민병대”를 유지하는 것이기 때문이다. 즉 무기를 소지할 권리는 개인의 자유에 관한 것이 아니라 “자유 국가의 안보”, 즉 공동체의 집합적 권리를 보장하기 위해 필요한 것이다. 오늘날 미국은 민병대의 반란으로 영국 왕의 폭정을 물리쳤던 신생 국가가 아니라 지구상에서 가장 강력한 연방군을 보유한 강대국이다. 헌법 수정조항 제2조의 진정한 의미를 이해한다면 더 이상 통제되지 않는 개인의 무기 소유권은 보장될 필요가 없다.

합의 사학자?

1959년 유명 역사가 존 하이엄(John Higham)은 호프스태터를 “합의”학파로 분류했다. 하이엄에 따르면 호프스태터는 ≪미국의 정치적 전통과 그것을 만든 사람들≫에서 미국의 주요 정치 세력들이 재산권, 경제적 개인주의, 자유 경쟁에 대한 믿음에 동의했다고 보았다. 호프스태터가 인간에게 자본주의 문화의 경제적 미덕이 필수적 특질이라는 믿음을 공유했다는 것이다.

하이엄의 분류 이후 호프스태터의 이름에는 "합의 사학자"라는 꼬리표가 붙었다. 이에 따르면 호프스태터는 미국 역사를 민주주의와 자본주의 그리고 빈민과 부자 사이의 끊임없는 갈등으로 묘사한 이른바 '혁신주의 사학자'들과는 달리, 미국 역사가 사회적 합의에 의해 전개되었다고 강조한 사학자였다. 하지만 호프스태터가 실제로 수행한 작업은 바로 그 합의가 문제라고 지적하고, 그것이 숨기려 한 어두운 이면을 파헤치는 것이었다. 호프스태터의 목표는 공통된 풍조, 즉 합의를 강조해 온 정치적 전통에 갈채를 보내는 것이 아니라 미국 정치사의 신화를 깨부수는 일이었다.

호프스태터는 미국사가 합의에 의해 만들어졌다고 보았지만 대니얼 부어스틴(Daniel Boorstin)처럼 영웅담으로 칭송할 만한 것이라고 보지는 않았다. 호프스태터는 하이엄이 인용한 ≪미국의 정치적 전통과 그것을 만든 사람들≫의 서문에서 집필 이유를 설명하며 "미국 여론의 공통된 풍조를 강조하는 우리의 정치적 전통을 재해석해야 할 필요"를 느꼈다고 썼다. 오히려 호프스태터는 미국 정치의 한계가 조합 자본주의의 틀 안에서 이루어진다는 데 있다고 생각했다. 즉 정치적 논쟁, 양당 간 경쟁이 재산권과 기업의 자유에 대한 합의라는 기본 가정을 흐트러뜨리지 않는 선에서만 가능하다는 점이 미국 정치의 문제라는 것이다.

호프스태터는 미국사의 또 다른 합의로 미국의 과거가 황금기였으며 현재보다 예전이 더 좋았다는 환상을 든다. 그러한 환상은 현재 문제의 원인을 직시하지 못하게 하고 막연한 복고주의를 추종하게 해 존재한 적 없는 "위대한 미국의 과거를 되찾겠다(make America great again)"는 그릇된 정치적 목표를 세우게 한다. 그러나 호프스태터의 분석에 따르면 미국 역사에 소위 "좋았던 옛 시절(good old days)"이란 없었다. 개혁의 세기라 알려졌던 시대는 제국의 시대였고, 자본은 늘 승리했으며, 진보적 사회 운동은 언제나 타협하고 말았다. 호프스태터는 그러므로 합의적 과거의 환영에서 탈출해 이 같은 현실을 마주하는 것, 그리고 그것을 끊임없이 알리는 일이 바로 역사의 임무이자 지식인의 의무라고 말한다.

민권 운동이 절정에 달했던 1965년, SNCC(학생 비폭력 조정 위원회)의 존 루이스(John Lewis)가 앨라배마주의 셀마(Selma)에서 열린 행진에 참석해 역사적인 에드먼드 페터스(Edmund Pettus) 다리를 건널 때, 배낭에 호프스태터의 ≪미국의 정치적 전통과 그것을 만든 사람들≫을 지니고 있었다는 사실은 참으로 의미심장하다. 흑인의 정당한 투표권 행사를 보장해 줄 것을 요구하며 행진하던 시위대에 사냥개와 물대포로 대응한 폭력적 경찰 진압이 전 세계에 큰 충격을 준 현장이었다. 합의할 수 없는 미국 사회의 모순에 저항하기 위해 치열하게 투쟁했던 순간, 그곳에 호프스태터가 자리하고 있었다. 호프스태터가 추구했던 미국사 연구의 지향점을 가장 상징적으로 드러낸 장면이다.

참고문헌

Belew, K.(2019). *Bring the War Home: The White Power Movement and Paramilitary America.* Cambridge: Harvard University Press.

Brown, D.(2006). *Richard Hofstadter: An Intellectual Biography.* Chicago: University of Chicago Press.

Hofstadter, R.(1948). *The American Political Tradition and the Men Who Made It.* New York: Alfred Knopf, Inc.

Hofstadter, R.(1970). America as a Gun Culture. *American Heritage, 21*(6).

Singal, D. J.(1984). Beyond Consensus: Richard Hofstadter and American Historiography. *American Historical Review. 89*(4).

리처드 호프스태터(Richard Hofstadter, 1916~1970)

미국 역사학자. 컬럼비아대학교 사학과의 디윗클린턴 교수로 재직했다. 20세기 중반을 대표하는 지성으로 손꼽힌다. 뉴욕주 버펄로시에서 유대인 아버지와 독일계 어머니 사이에서 태어났다. 1942년 사회진화론에 대한 연구로 박사 학위를 받았다. 2년 뒤 학위 논문을 책으로 출간했는데, 20만 부가 넘게 팔릴 만큼 학계와 대중의 주목을 받았다. 미국 역사에 나타난 보수적 사상과 정치 세력의 성장에 대한 비판적 연구에 천착했다. 주요 저서로 ≪미국 사상에서 사회진화론≫(1944), ≪미국의 정치적 전통과 그것을 만든 사람들≫(1948), ≪개혁의 시대≫(1955), ≪미국의 반지성주의≫(1963), ≪미국 정치의 편집증적 스타일≫(1965), ≪정당 체제의 사상≫(1969) 등이 있으며, 이 가운데 ≪개혁의 시대≫와 ≪미국의 반지성주의≫로 퓰리처상을 수상했다.

박진빈

경희대학교 사학과 교수다. 연세대학교 사학과를 졸업하고 펜실베이니아대학교에서 제1차 세계대전 전후 연방정부 공공 주택 정책의 성과와 역사적 의의를 주제로 박사 학위를 받았다. 미국의 혁신주의와 뉴딜 정책, 인종 갈등, 도시 문제 등을 주제로 연구했다. 논문으로 "브루클린 수변 산업지역 재개발"(2023), "캘리포니아 유령도시는 광산 개발 시대를 어떻게 기억하는가?"(2022), "미국 여성사와 공공역사의 상호작용"(2021), "정원도시의 탄생"(2019) 등이 있다. 단독 저서로는 ≪도시로 보는 미국사≫(2016)와 ≪백색국가 건설사≫(2006), 공저로는 ≪투자 권하는 사회≫(2023)와 ≪세계도시 설명서≫(2021)가 있다. ≪빅체인지≫(2008) 등 여러 책을 번역했다.